I Do 아이 두 우쿨렐레

①

염인정 편저

CONTENTS

붙임딱지(스티커) 활용법

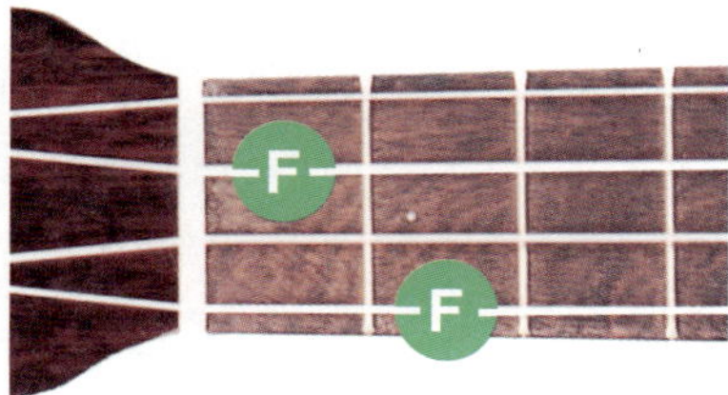
① 코드 운지에 맞게 지판에 붙이고 연습하세요.
파
F
F

② 계이름 운지에 맞게 지판에 붙이고 연습하세요.
파
레

알로하~ 우쿨렐레!!

"알로하"는 하와이어로 안녕하세요~의 뜻을 지닌 인사말입니다.
우쿨렐레는 작은 기타 모양의 하와이 민속악기로, 우쿨렐레(UkuLele)라는
말은 Uke(벼룩) + Lele(튀다) 즉, 튀는 벼룩을 뜻하는 하와이어입니다.

우쿨렐레의 구조와 명칭

우쿨렐레는 사람의 몸 구조처럼 **머리** 헤드(Head) – **목** 넥(Neck) – **몸통** 바디(Body) 으로 나눕니다.

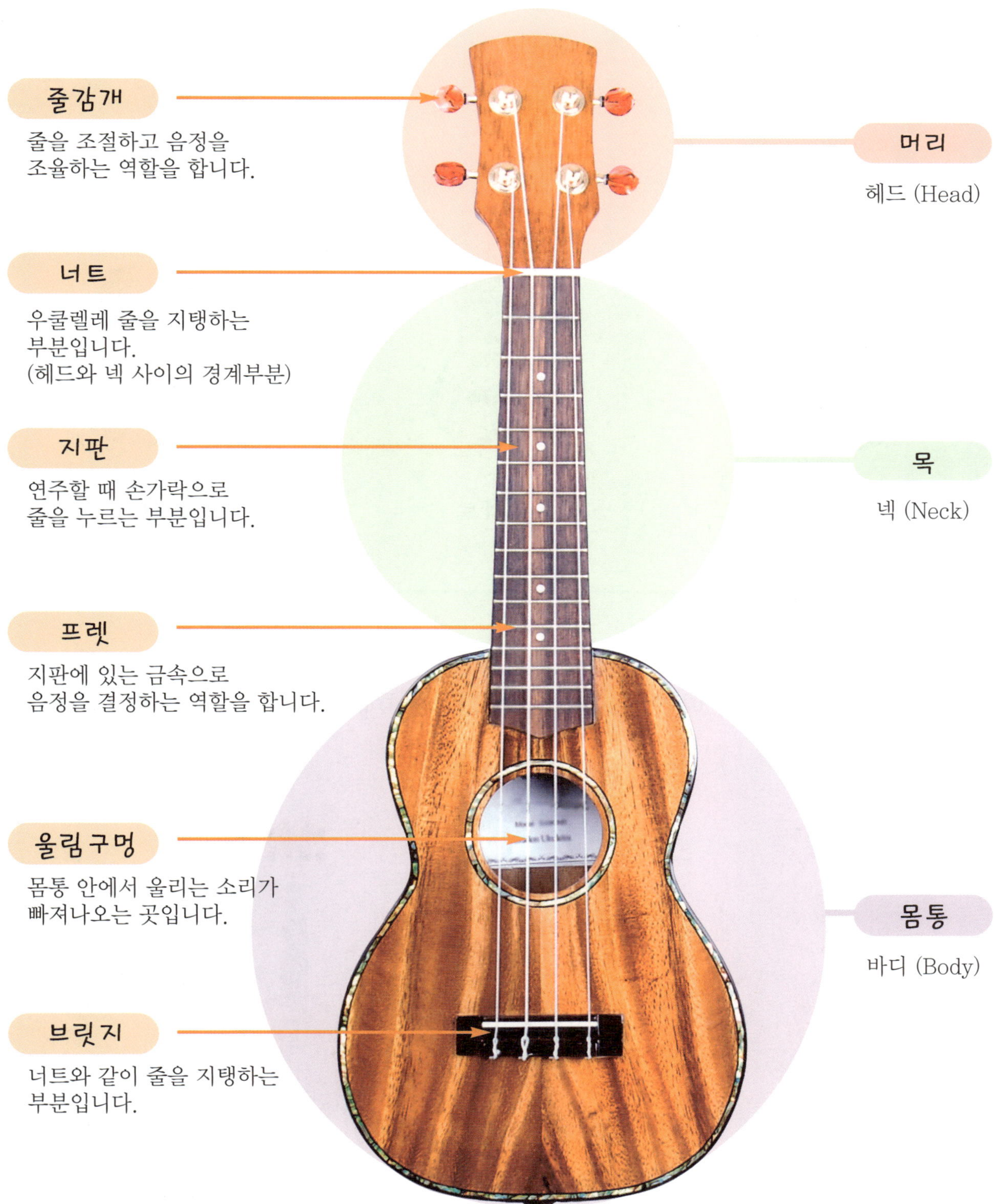

우쿨렐레 가족

우쿨렐레는 몸통 크기에 따라 소프라노 〈 콘서트 〈 테너 형으로 나누어집니다.
가장 작은 크기의 소프라노는 주로 반주용으로 많이 사용되며 통통 튀는 듯한 밝은 음색
이 특징입니다. 중간 크기의 콘서트는 반주용과 독주용으로 두루 사용되고, 좀 더 큰 크
기의 테너는 몸통 크기가 커진만큼 음량이 크므로 독주용으로 많이 사용됩니다.

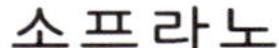

소프라노

콘서트

테너

우쿨렐레의 몸통 모양

우쿨렐레는 몸통 모양에 따라 오리지널 형과 파인애플 형으로 구분됩니다.

오리지널 형

파인애플 형

우쿨렐레 조율하기

우쿨렐레는 4개의 줄로 되어 있습니다.
각 줄은 라(A), 미(E), 도(C), 솔(G) 음으로 구분됩니다.

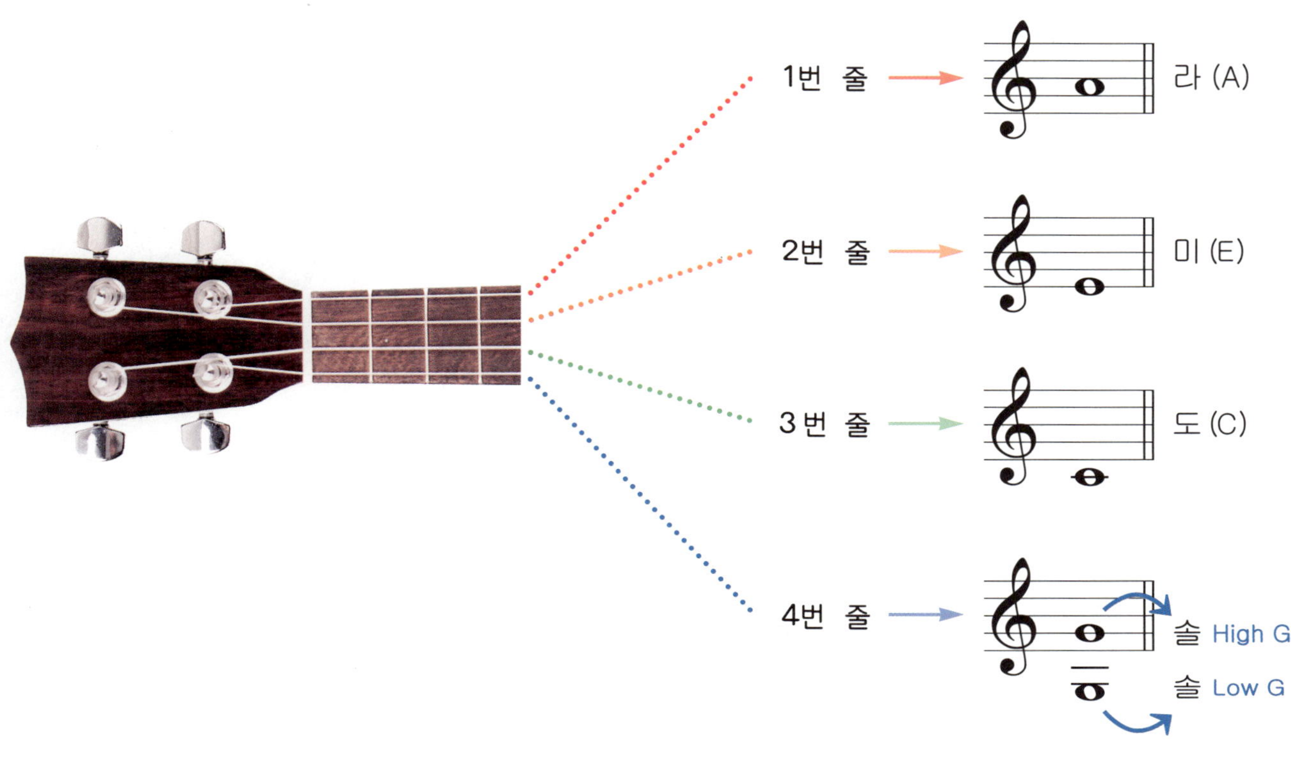

High G 우쿨렐레와 Low G 우쿨렐레

 High G는 4번 줄의 솔(G)음이 3번 줄의 도(C)음보다 높은 음으로, 주로 노래 반주용으로 사용되고 Low G는 4번 줄의 솔(G)음이 3번 줄의 도(C)음보다 낮은 음으로, 저음이 보강되어 독주용으로 사용합니다.

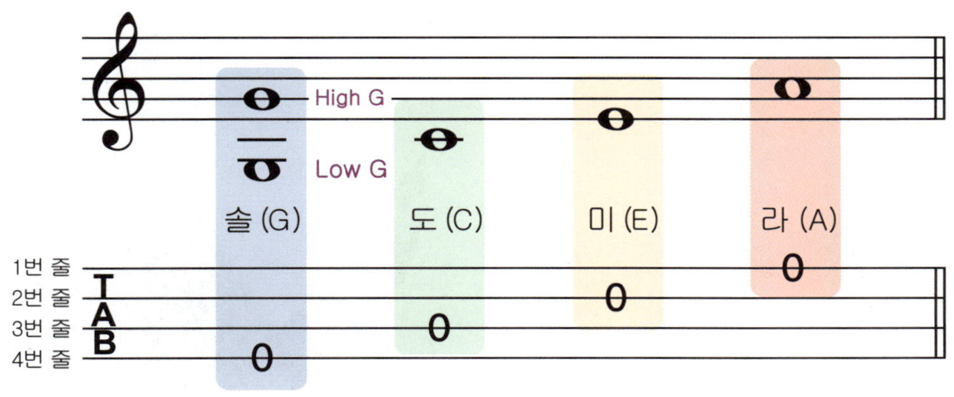

우쿨렐레 손가락 번호와 기호

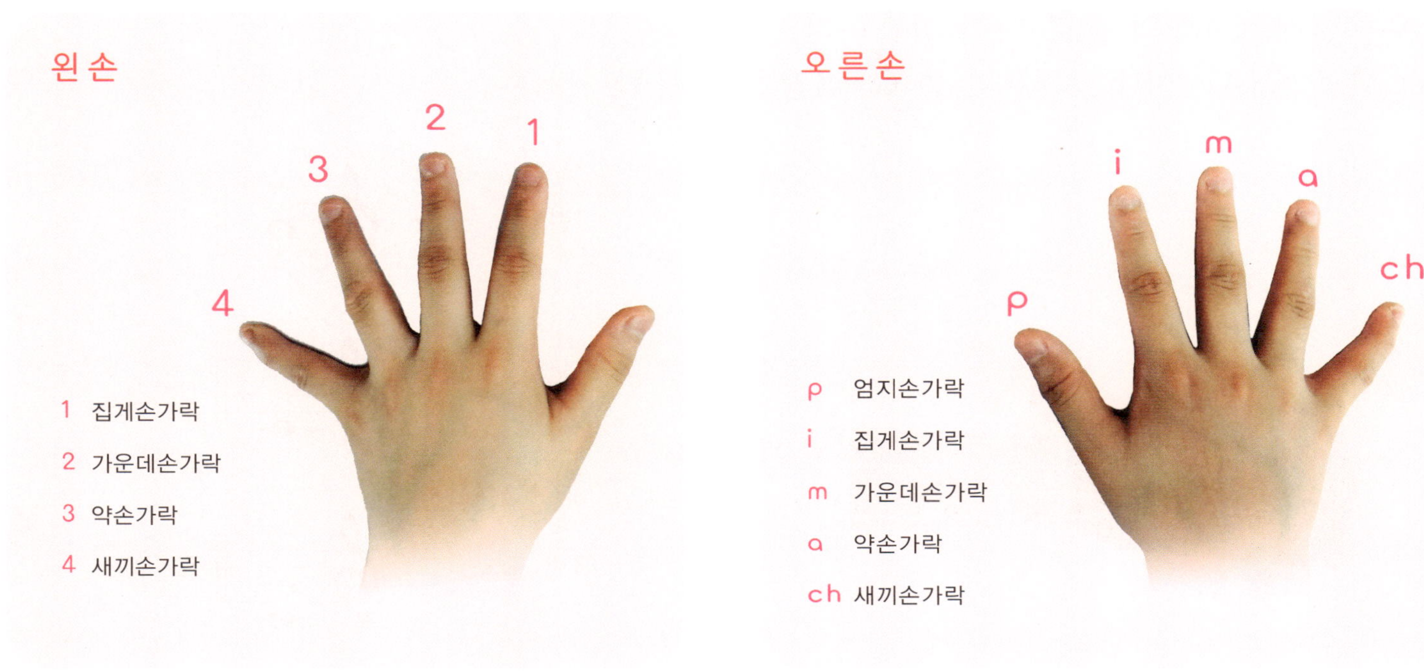

코드를 누르는 방법

 코드는 여러 개의 음이 동시에 소리나는 것을 말합니다.
우쿨렐레는 왼손으로 줄을 누르고 오른손으로 리듬을 쳐서 코드를 연주합니다.
코드를 누르는 손가락은 옆줄에 닿지 않도록 반드시 손끝을 세워서 누릅니다.

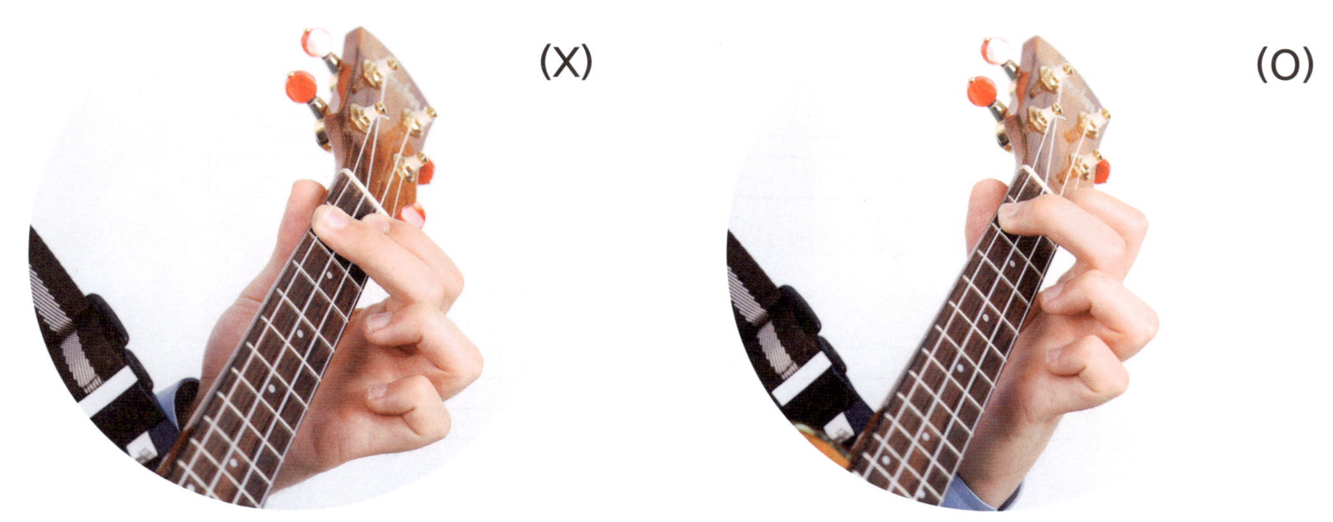

 악기의 뒤판을 가슴 부분에 대고 오른팔로 감싸듯 잡습니다.
우쿨렐레가 너무 올라가거나 내려가지 않게 하고 머리 부분이 약간 위를 향하도록 왼손으로
잡아줍니다(약 15~20°).

앉아서 연주하는 정면사진

앉아서 연주하는 측면사진

지판과 코드표

우쿨렐레 지판에는 여러 개의 프렛이 있습니다.
프렛은 음정을 구분하기 위해 지판을 반음 간격으로 나누는 금속입니다.

C코드의 경우 **1번 줄 3프렛**의 위치를 설명할 때

① **1학년 3반**이라고 알려주면 쉽게 위치를
　 찾을 수 있습니다.
② **1층 3호** (103호)라고 알려주셔도 좋습니다.

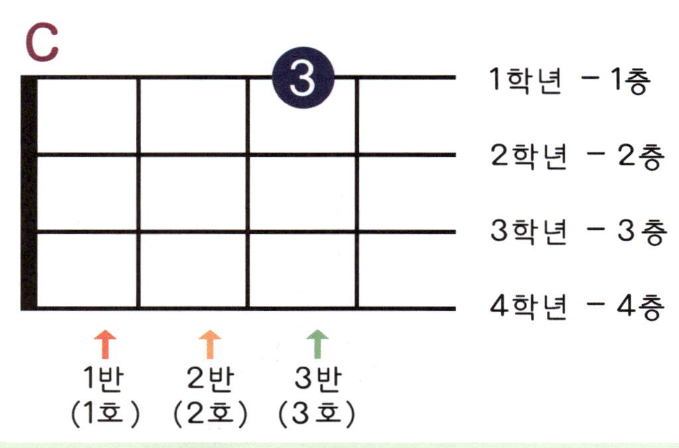

C코드는		
1번 줄의 3프렛		
1학년 → 3반	1–3반
1층 → 3호	103호

코드잡고 연주해 봅시다!

C코드

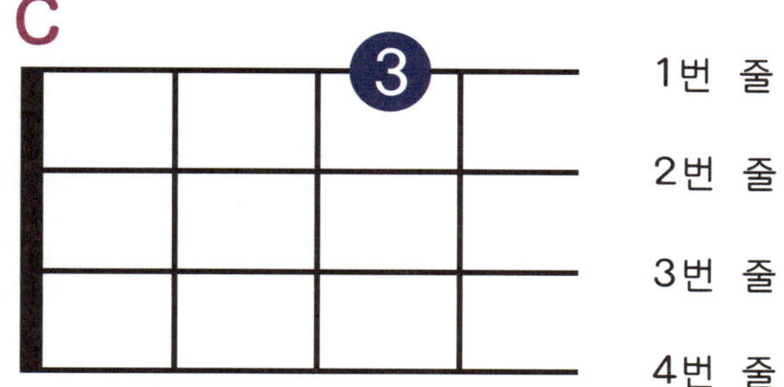

- 3번 손가락으로 1번 줄의 3프렛을 누릅니다(1학년 3반).
  나머지 3개의 줄은 개방현을 울립니다.

2비트, 3비트, 4비트 기본형 연습

 1마디에 코드를 2번 치면 2비트, 3번 치면 3비트, 4번 치면 4비트라고 합니다.
왼손으로 C코드를 잡고 오른손 엄지(ρ)로 4줄을 동시에 아래로 쳐 보세요. 이렇게 4번 줄
에서 1번 줄로 내려 치는 것을 다운 스트로크라고 하며 ↓ 또는 ⊓로 나타냅니다.

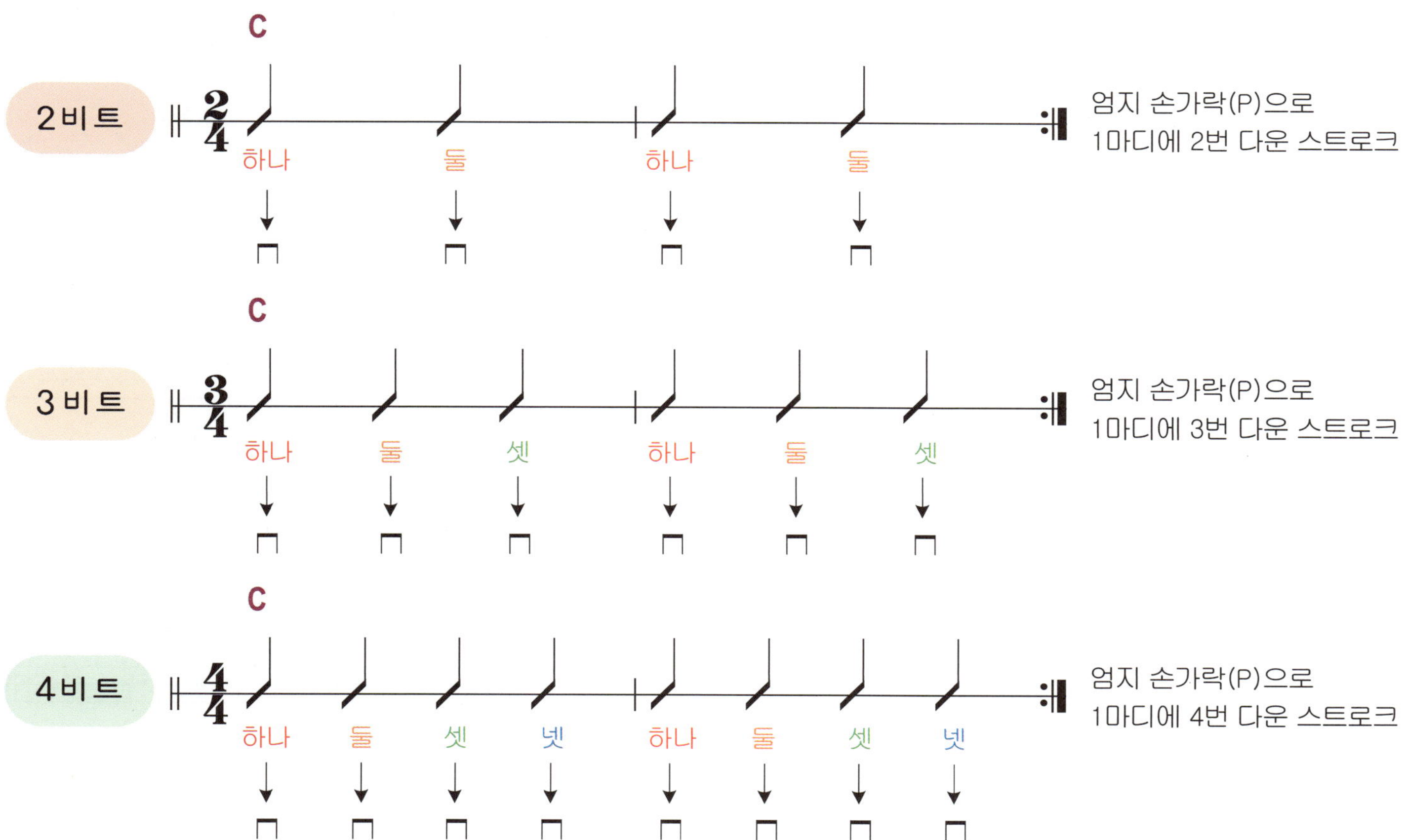

�֍ 왼손으로 C코드를 잡고 오른손 엄지로 다운 스트로크 하면서 노래를 불러봅시다.
4비트는 한 마디에 4번, 2비트는 2번 스트로크합니다.

준비 됐나요?

외국 곡

C
4비트
준비 됐나요   준비 됐나요   준비 됐나요   준비 됐어요

맛있는 간식
김성균 작사 | 김성균 작곡

C
2비트
두 손 짝   소 리 없 이 짝

C
맛 있 는 간 식   감 사 합 니 다

C
잘먹 겠 습 니 다   (많이 잡수세요)

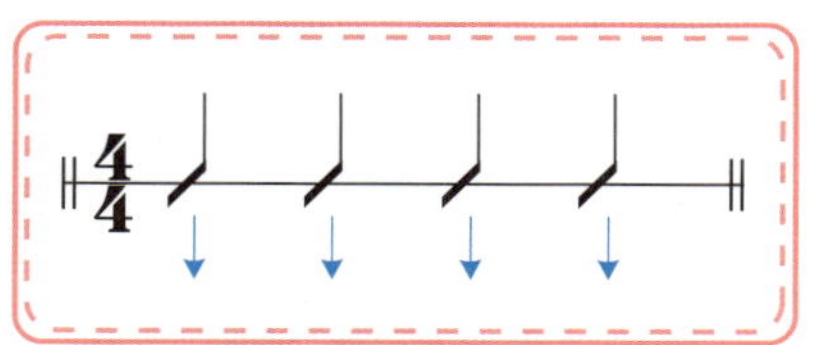

도깨비 빤스

작자 미상

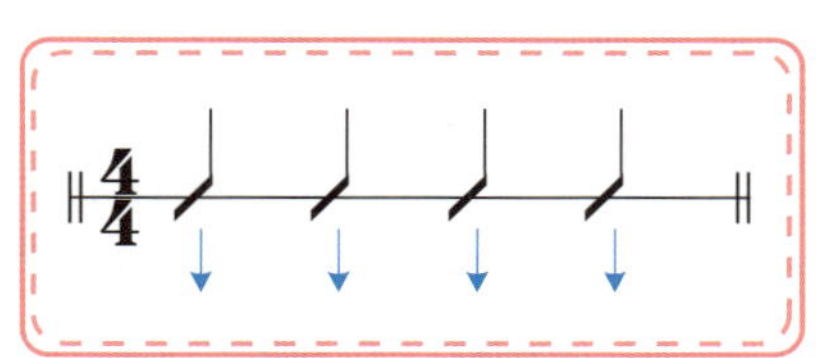

동물 흉내

프랑스 민요

F코드

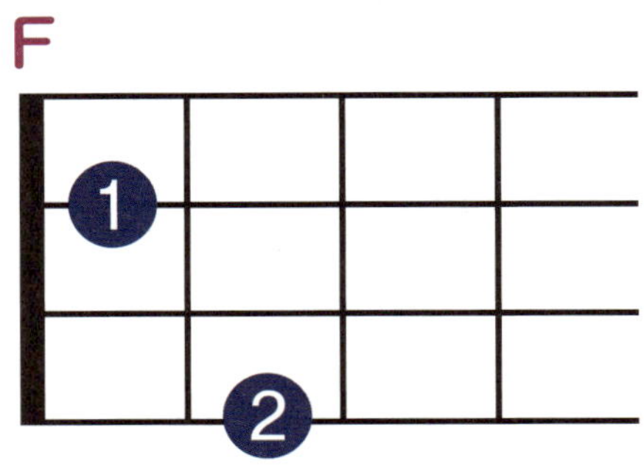

- 1번 손가락으로 2번 줄의 1프렛을 누릅니다(2학년 1반).
- 2번 손가락으로 4번 줄의 2프렛을 누릅니다(4학년 2반).

F코드를 누를 때 2번 손가락으로 1, 2, 3번 줄을 건드리지 않도록 주의하고, 손가락을 세워 4번 줄을 누르도록 합시다.

F코드 연습

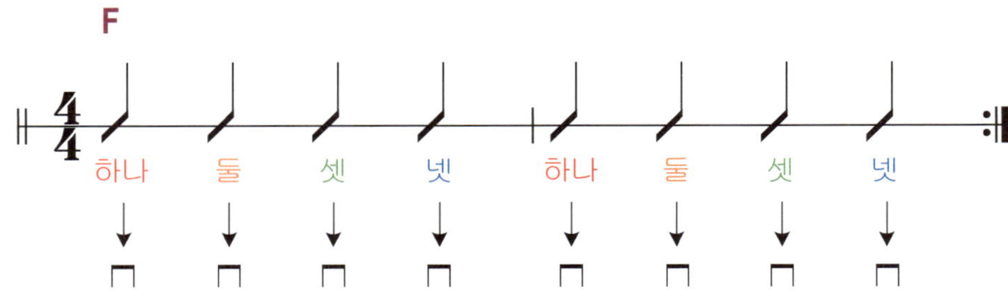

엄지손가락(P)으로
다운 스트로크

F코드와 C코드의 체인지 연습

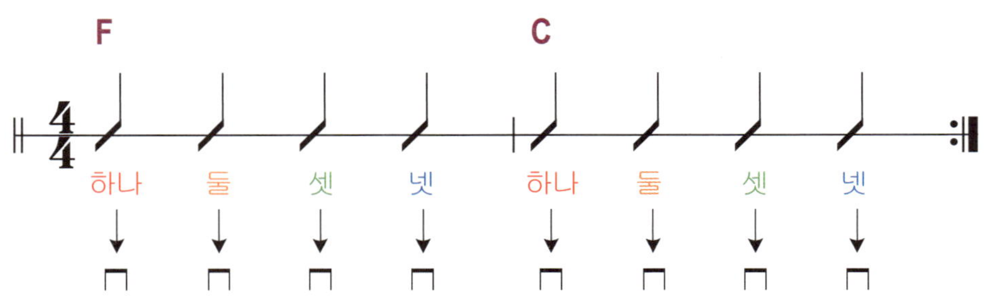

코드 체인지가 잘 안되는 사람은?

오른손은 치지 말고 왼손만으로
코드 모양을 만들고 한 음씩
눌러가며 코드 체인지를 연습합니다.

F → C코드 체인지 연습

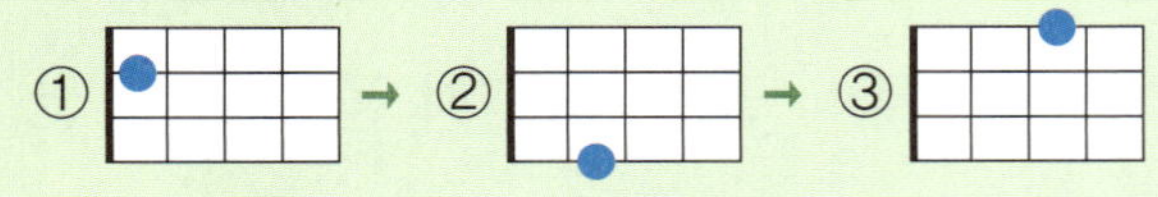

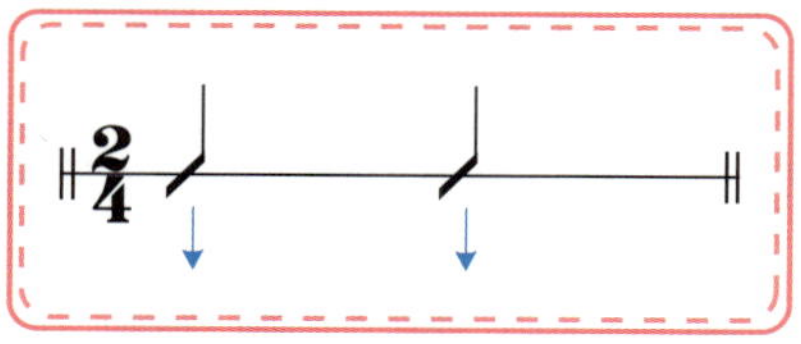

안녕

(돌림 노래)

외국 곡

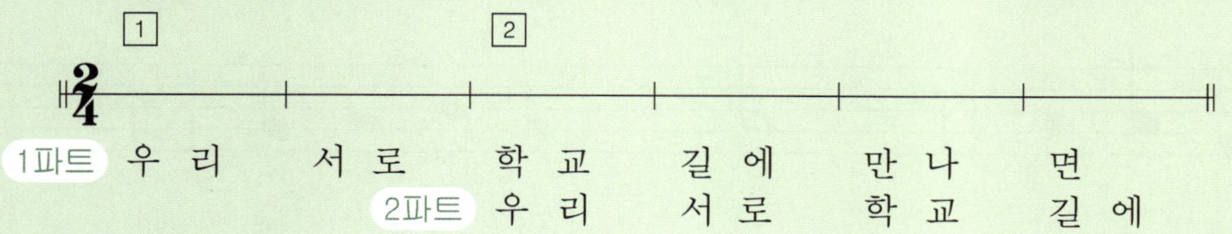

1 F · · · · **2**

2비트

우 리 서 로 학 교 길 에
하 루 공 부 마 치 고 서

F

만 나 면 만 나 면
집 으 로 갈 때 도

F

웃 는 얼 굴 하 고 인 사 나 눕 시 다
헤 어 지 기 전 에 인 사 나 눕 시 다

F

애 들 아 안 — 녕
애 들 아 안 — 녕

돌림 노래란?

같은 가락을 일정한 마디의 사이를 두고 앞 성부가 먼저 부르고 뒤의 성부가 따라가며 부르는 형태를 말합니다. 이 노래는 2마디 사이를 두고 두 파트가 노래합니다.

1 **2**

1파트 우 리 서 로 학 교 길 에 만 나 면

2파트 우 리 서 로 학 교 길 에

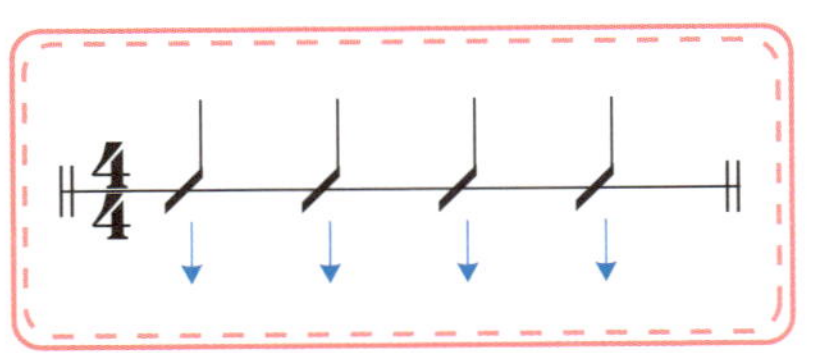

비행기

윤석중 작사 | 미국 민요

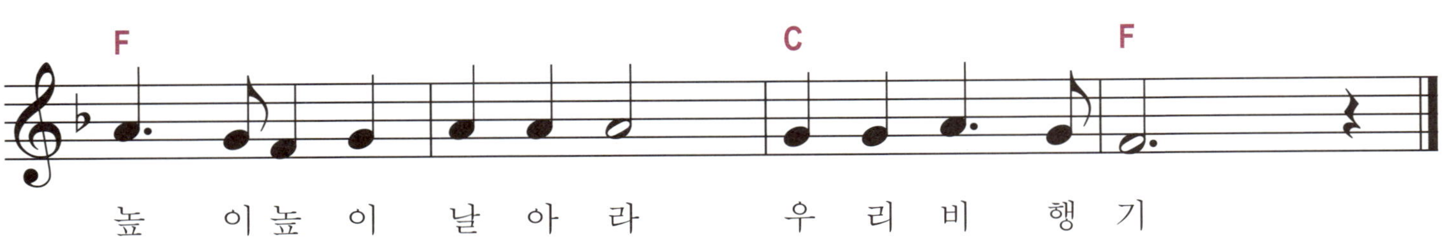

달

윤석중 작사 | 권길상 작곡

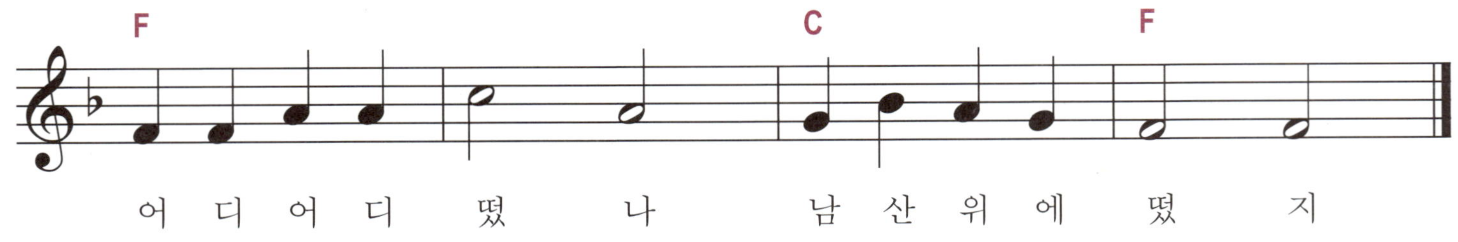

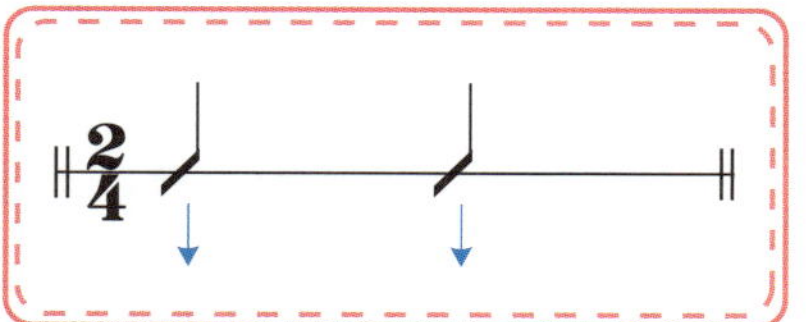

당신은 누구십니까?

외국 곡

F코드를 누를 때 2번 손가락으로 1, 2, 3번 줄을 건드리지 않도록 주의합시다.
손가락을 세워서 4번 줄을 누르도록 합시다.

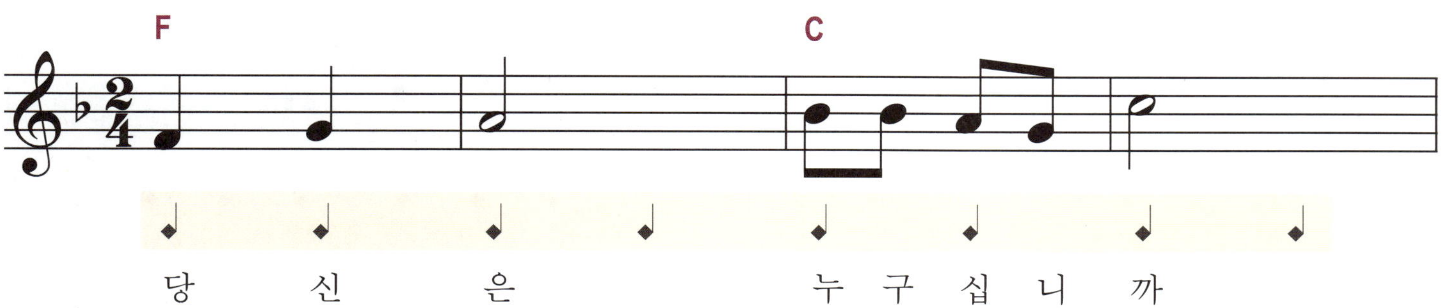

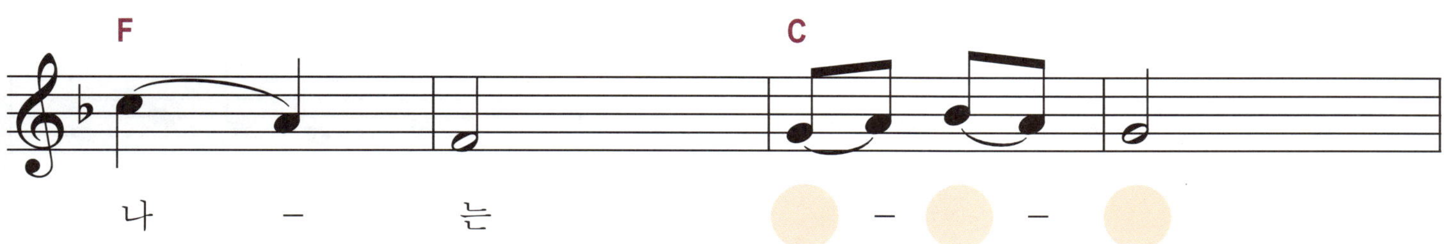

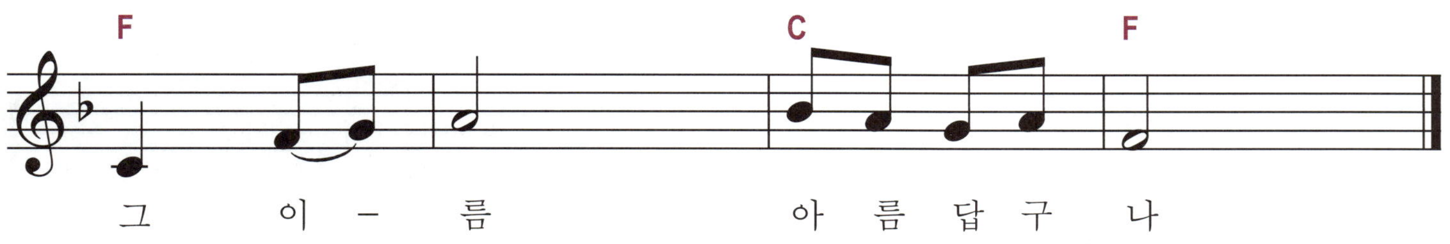

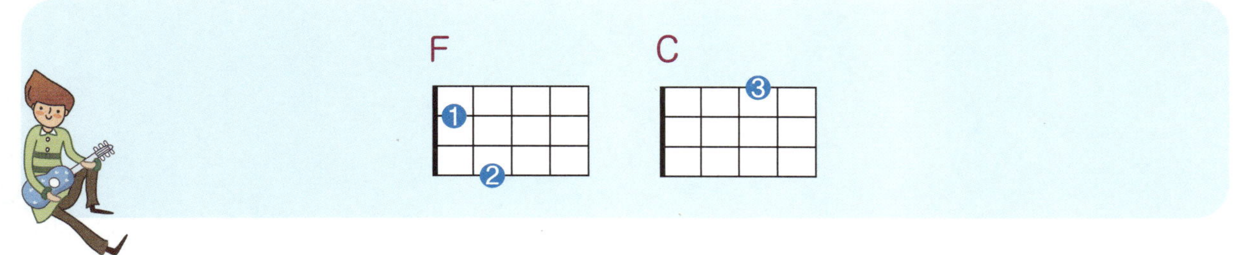

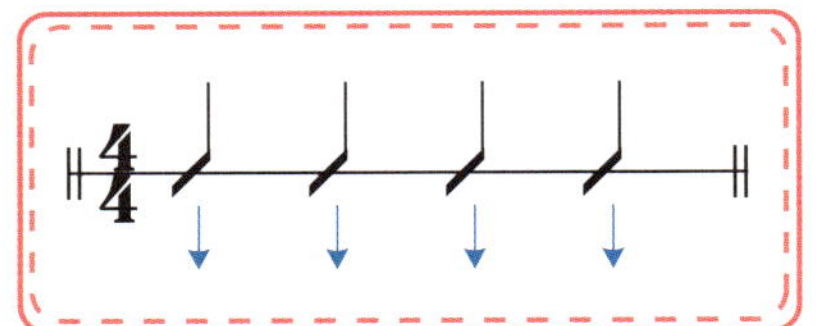

꼬마별

독일 민요

TIP
앞 페이지에서 익힌 2/4박자의
'당신은 누구십니까'와 같은 빠르기로
노래하고 2비트로도 반주해 보세요.

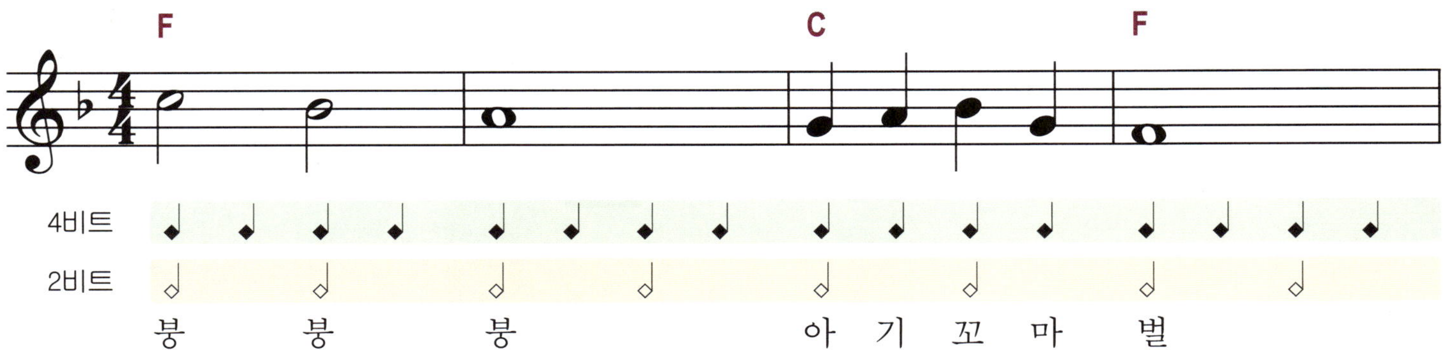

F   C   F
4비트
2비트
붕   붕   붕   아 기 꼬 마 별

F   C   F   C
하 양 빨 강   노 란 색 꽃   엄 마 따 라   소 풍 간 다

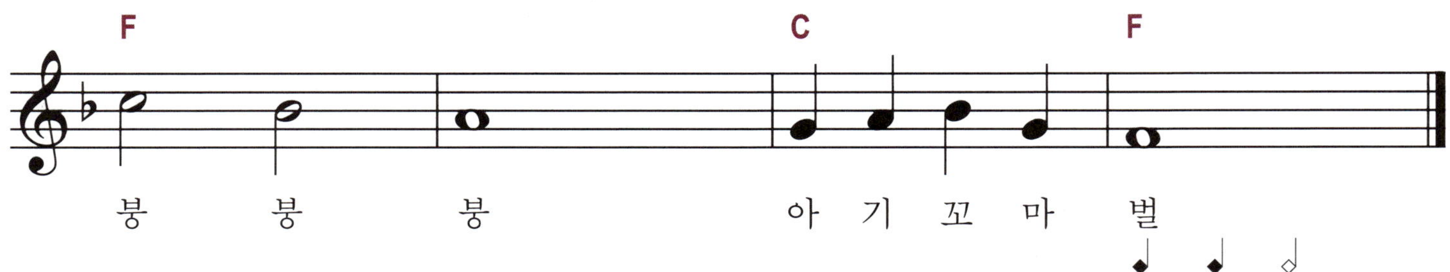

F   C   F
붕   붕   붕   아 기 꼬 마 별

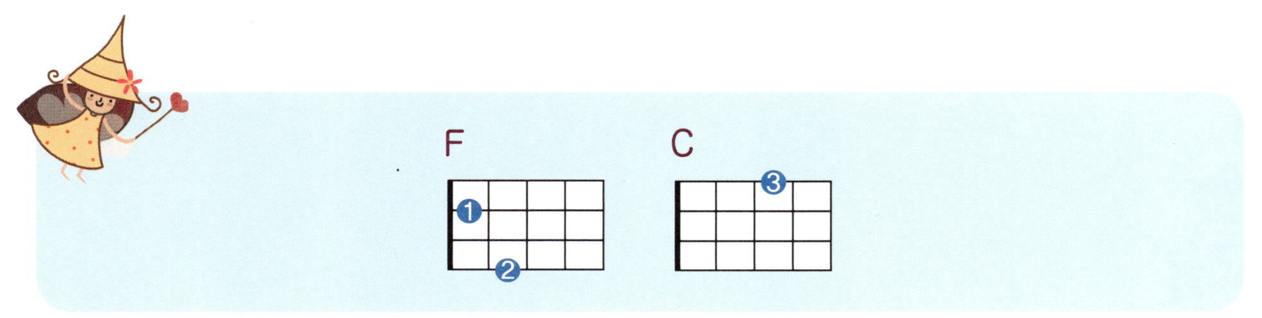

F   C

기차놀이

작자 미상

올라가는 눈

작자 미상

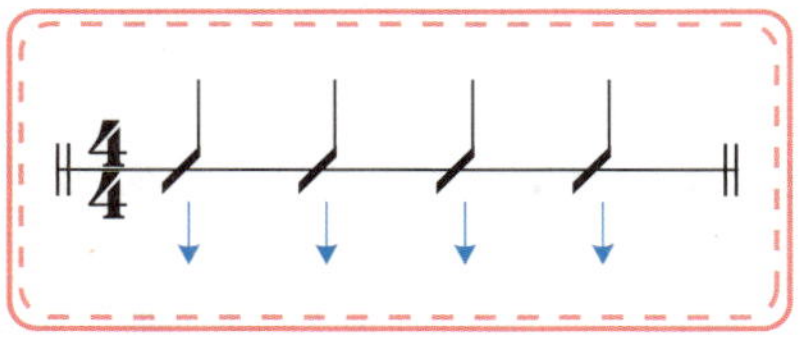

G7코드

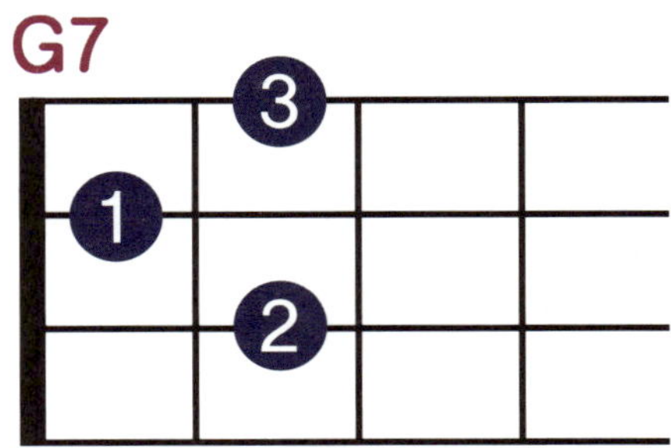

- 1번 손가락으로 2번 줄의 1프렛을 누릅니다(2학년 1반).
- 2번 손가락으로 3번 줄의 2프렛을 누릅니다(3학년 2반).
- 3번 손가락으로 1번 줄의 2프렛을 누릅니다(1학년 2반).

2프렛(2반)에 2, 3번 손가락이 들어가므로 손 방향을 헤드쪽으로 살짝 기울여주면 운지하기가 편리합니다.

G7코드 연습

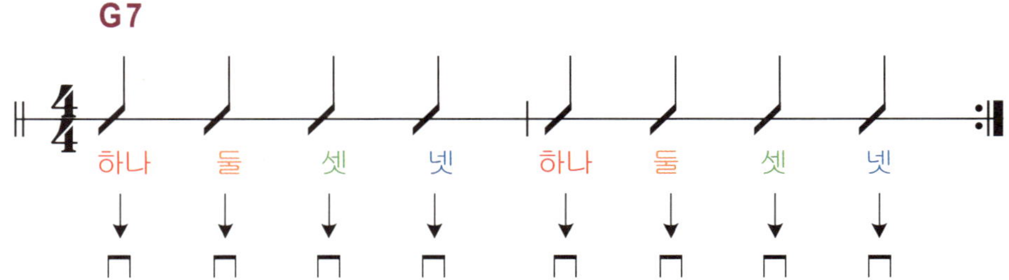

엄지손가락(P)으로
다운 스트로크

G7코드와 C코드의 체인지 연습

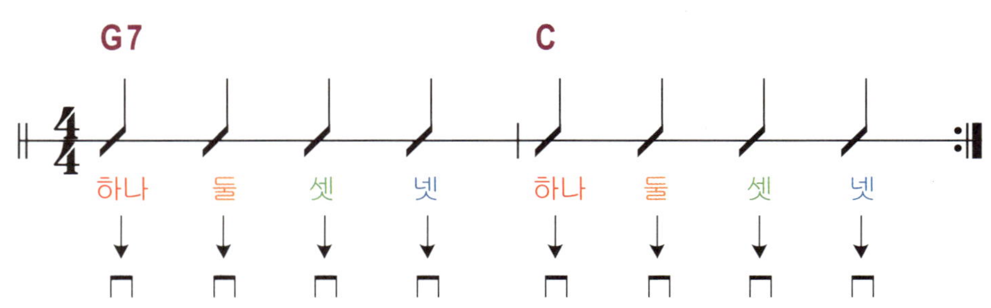

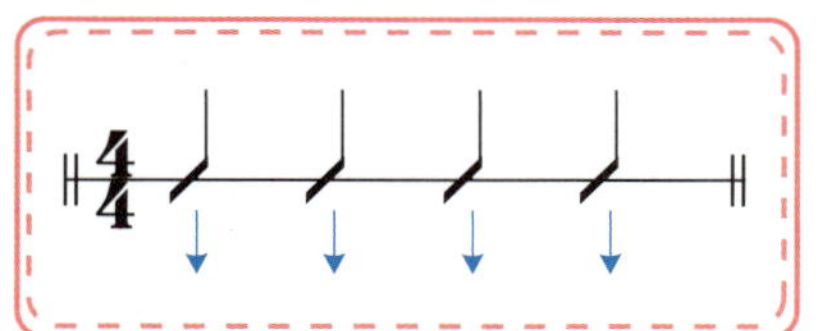

모두 제자리

김성균 작사 | 김성균 작곡

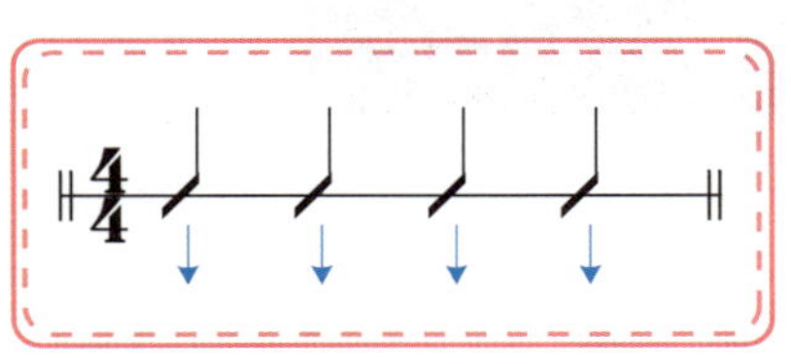

우리집에 왜 왔니

전래 동요

집게손가락(i)으로 다운 스트로크

- 다른 손가락은 가볍게 쥐고 집게손가락의 손톱 부분으로 스트로크합니다(이때 집게 손가락의 손끝에는 힘을 주지 않습니다.).

- 팔은 너무 움직이지 말고 손목을 중심으로 스트로크합니다. 이 때 손목의 힘을 빼는 것이 포인트, 어깨나 팔꿈치에도 힘을 주지 말고 긴장을 풀어줍니다.

- 원을 그리듯이 위에서 아래로 부드럽게 스트로크합니다.

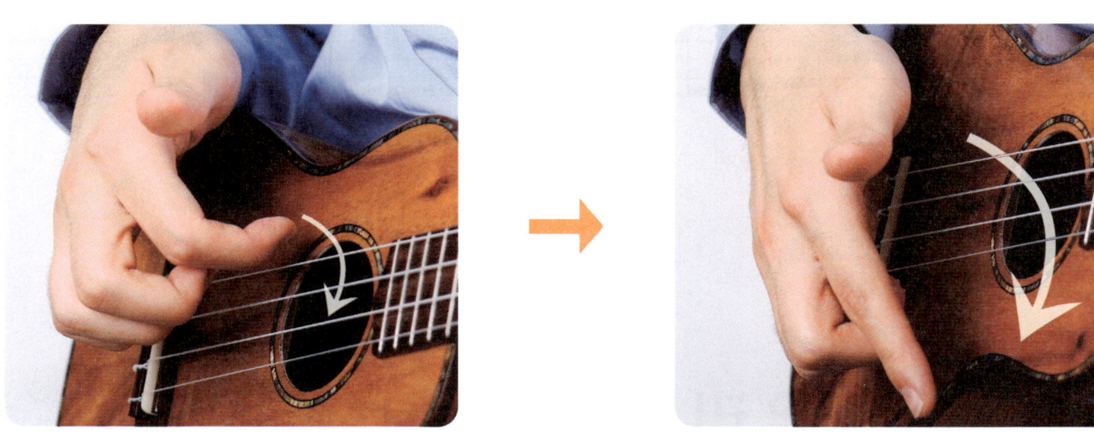

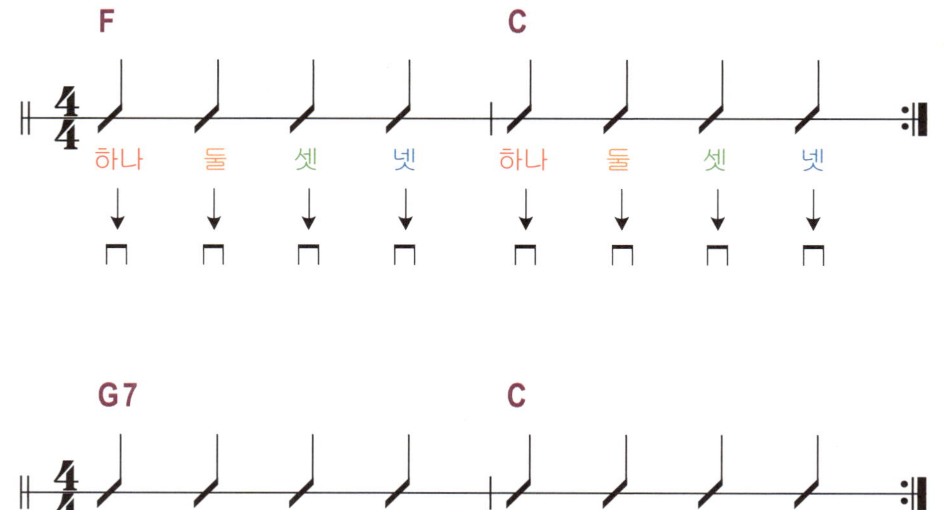

나비야

외국 곡

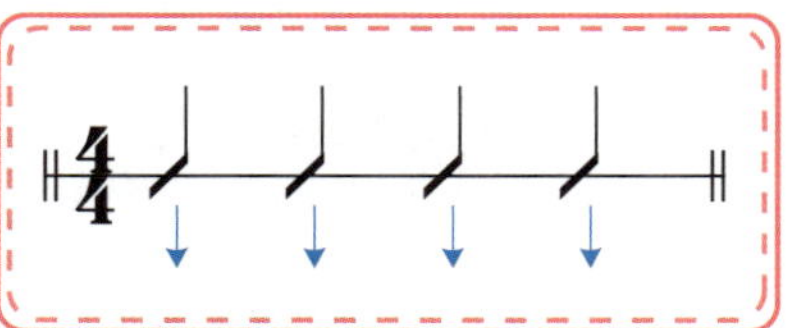

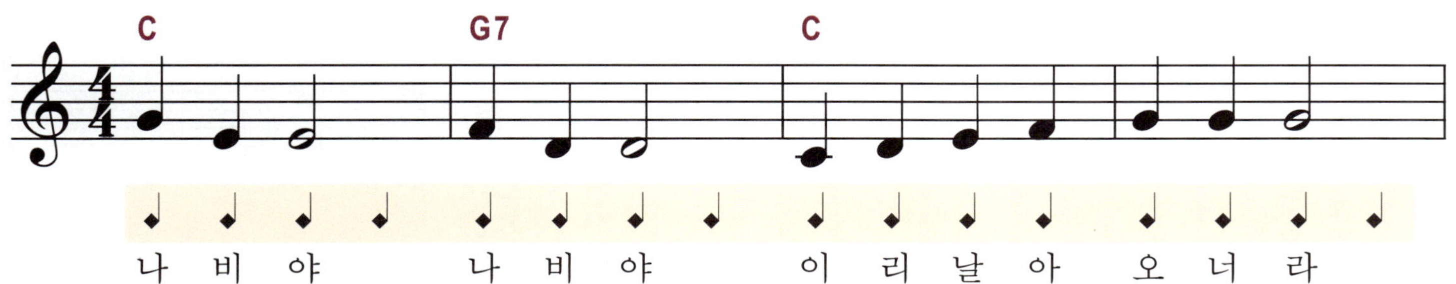

C G7 C
나 비 야   나 비 야   이 리 날 아 오 너 라

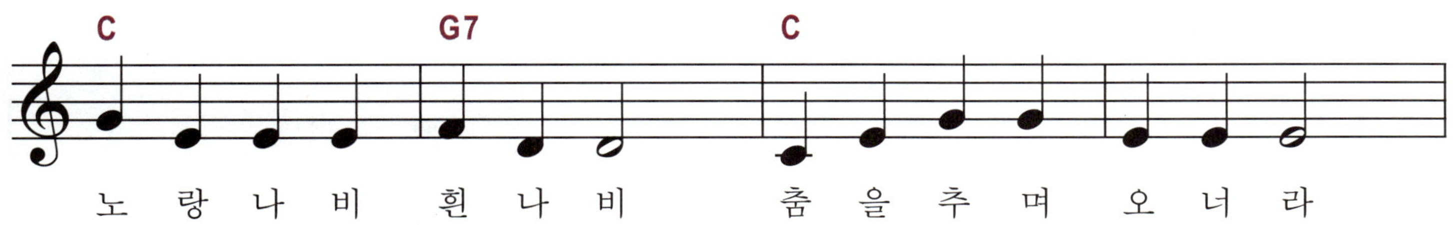

C G7 C
노 랑 나 비 흰 나 비   춤 을 추 며 오 너 라

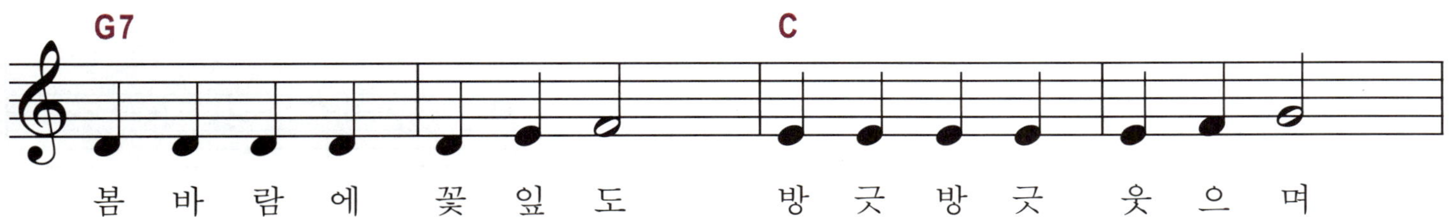

G7 C
봄 바 람 에 꽃 잎 도   방 긋 방 긋 웃 으 며

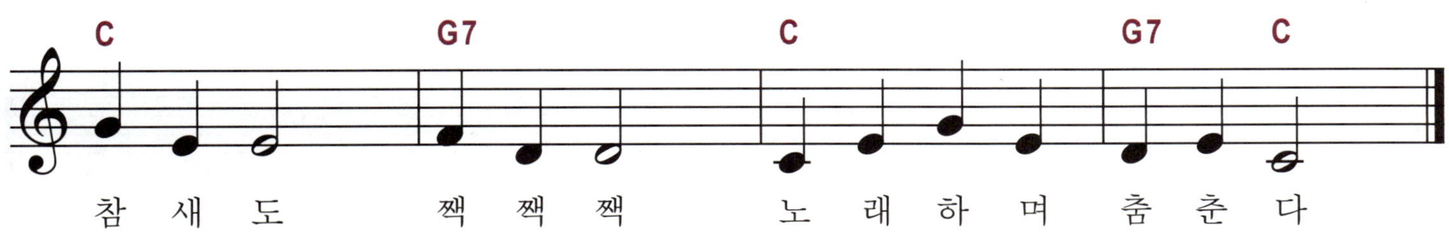

C G7 C G7 C
참 새 도   짹 짹 짹   노 래 하 며 춤 춘 다

C

G7

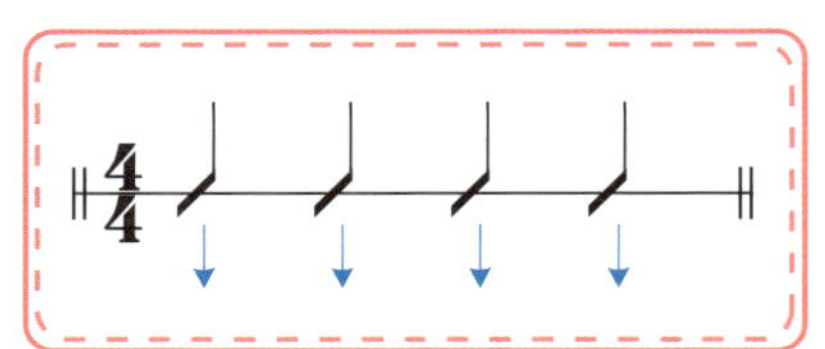

잉잉잉

김성균 작사 | 김성균 작곡

C코드에서 G7코드로 바꿀 때 3번 손가락이 3프렛에서 2프렛으로 미끄러지듯이 이동하는 것이 좋습니다.

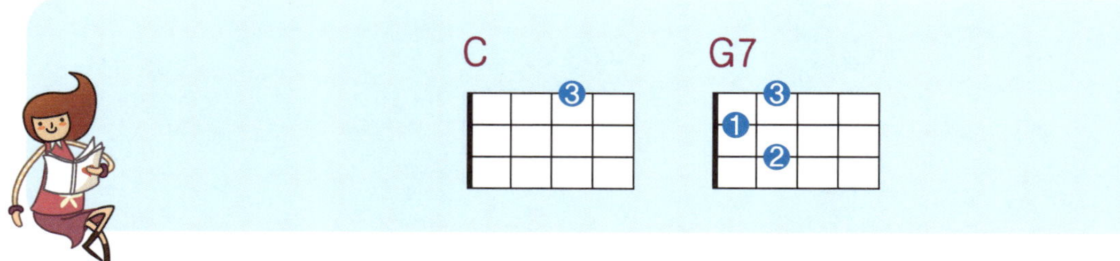

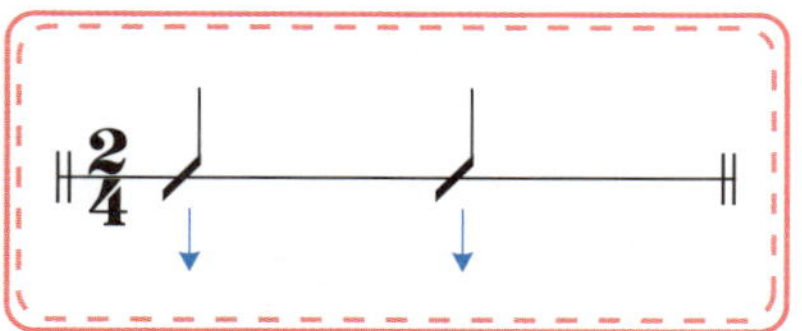

구슬비

권오순 작사 | 안병원 작곡

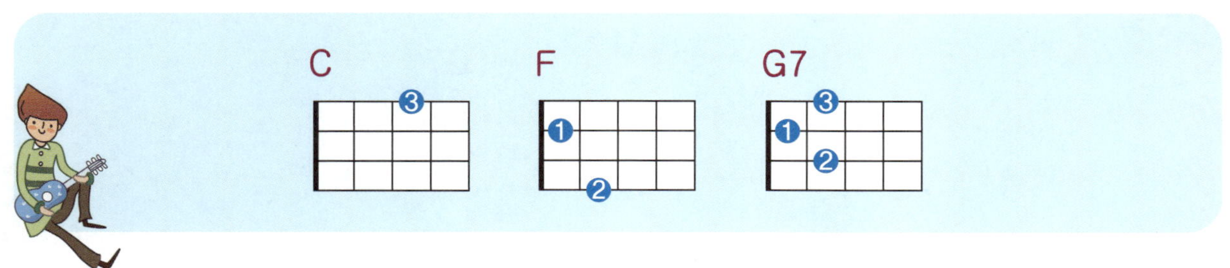

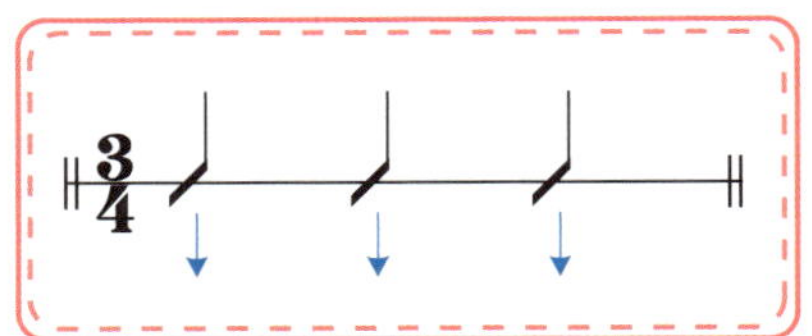

어린이 왈츠

원치호 작사 | 권길상 작곡

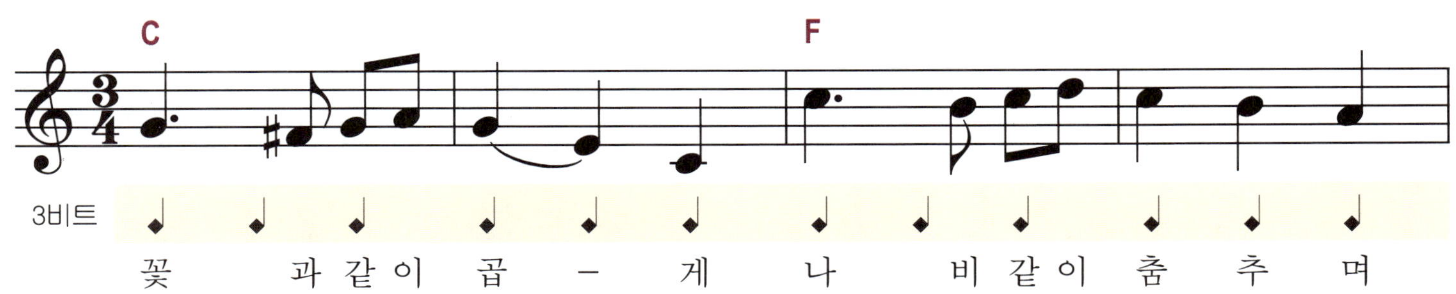

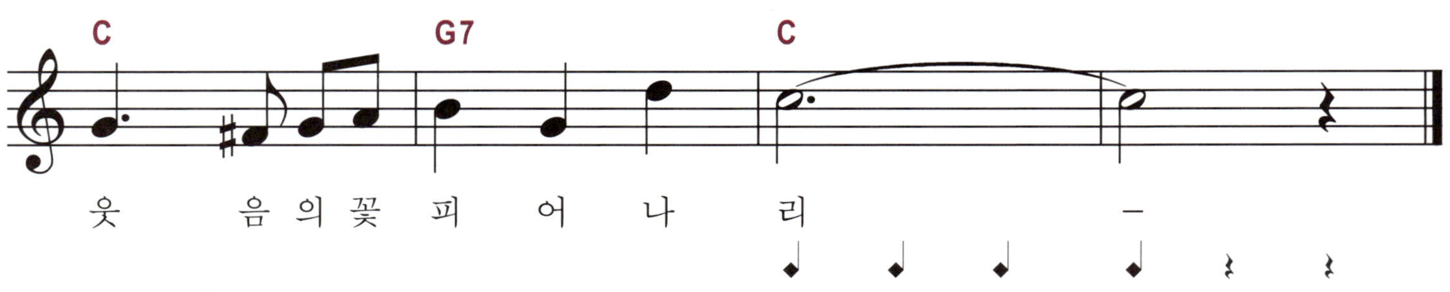

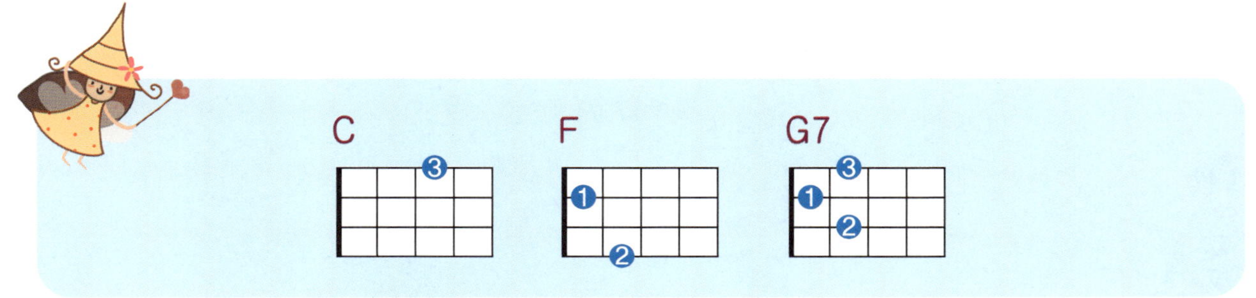

도토리

유성윤 작사 | 이문주 작곡

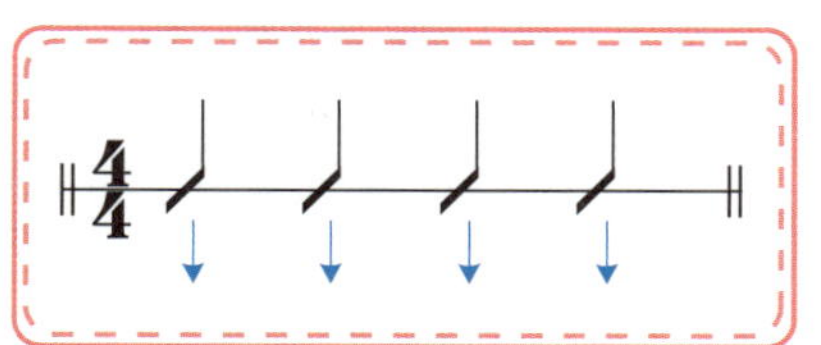

설날

윤석중 작사 | 윤극영 작곡

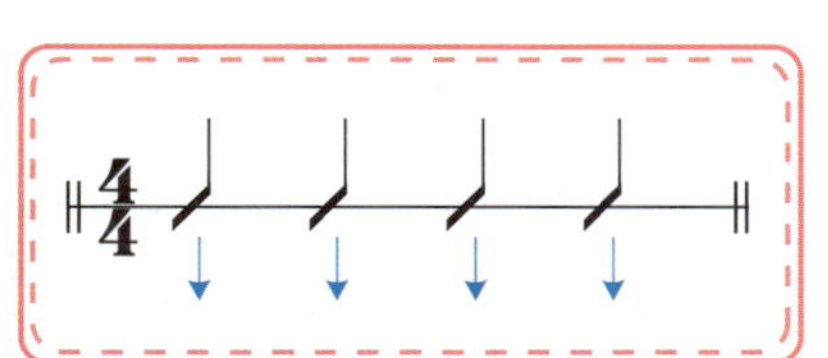

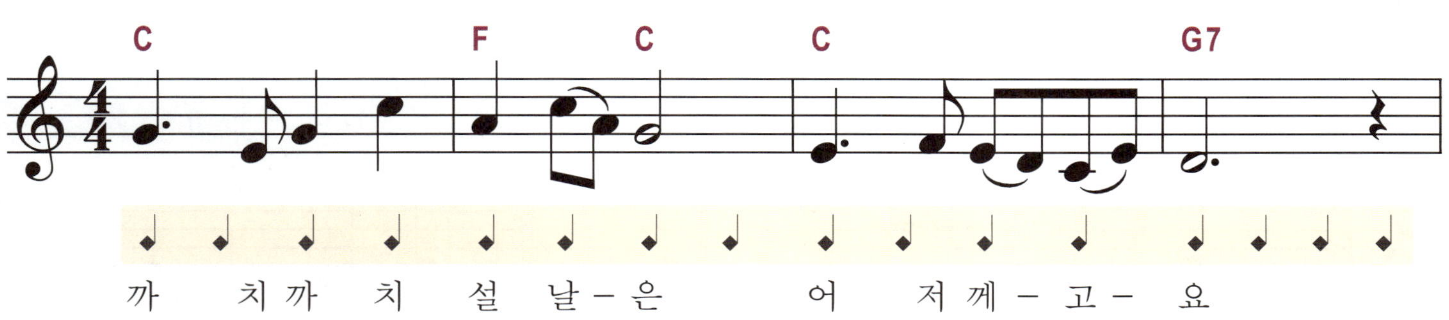

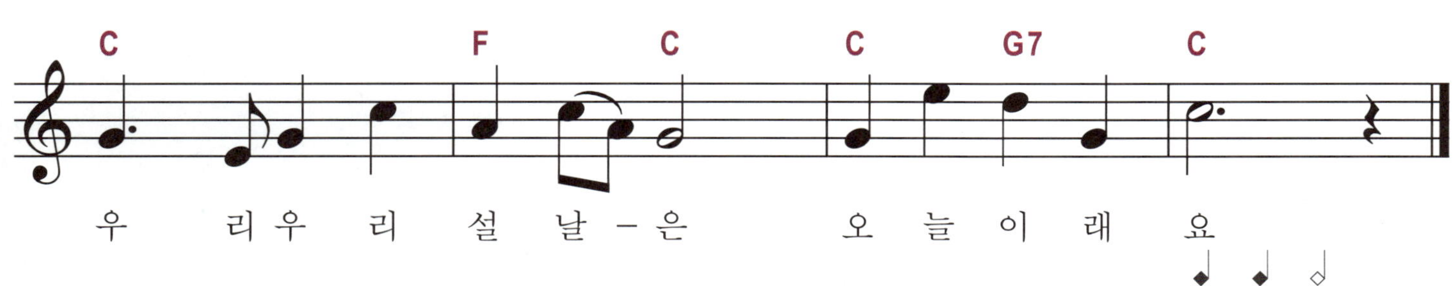

산중호걸

이요섭 작사 | 이요섭 작곡

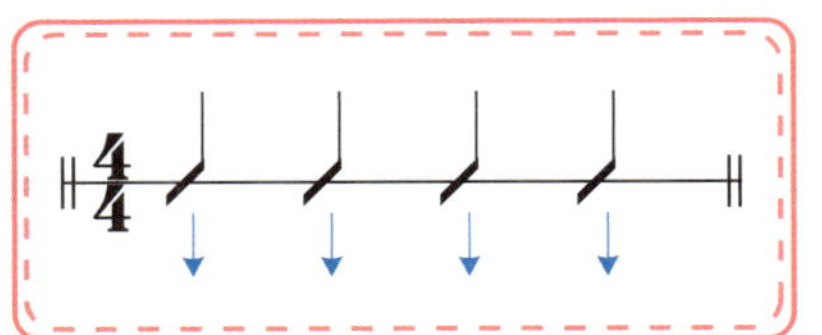

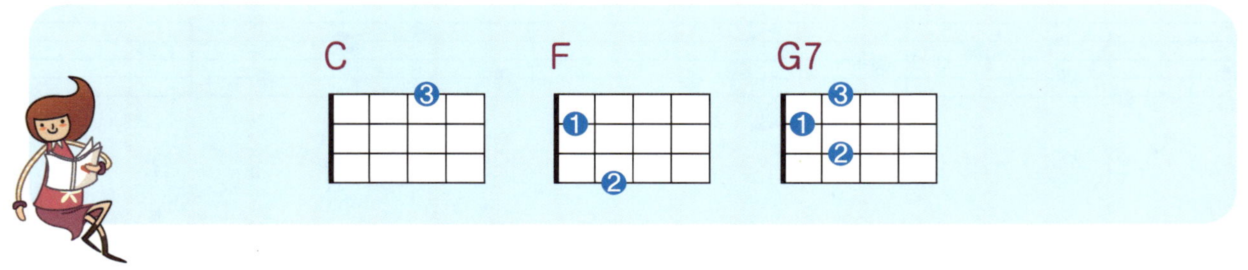

우쿨렐레 송

염인정 작사 | 염인정 작곡

하 와이 안미니기 타 우 쿨 렐 레로 우 리함 께모 여 서 노 래해 봐요

노 래하 며반주하 며 음 악수 업해 봐요 친 구들 과신 나 게 우 쿨 렐 레배 워요

약속

작자 미상

너 하 고 나 는 친 구 되 어 서 사 이 좋 게 지 내 자

새 끼 손 가 락 둘 이 걸 – 고 꼭 꼭 약 속 해

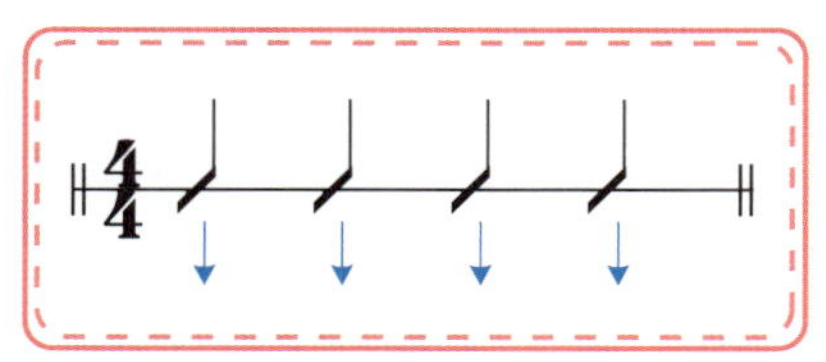

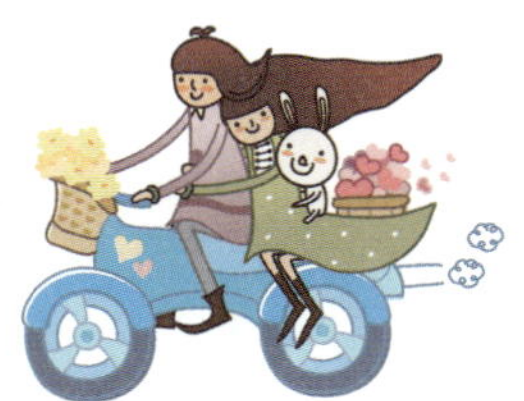

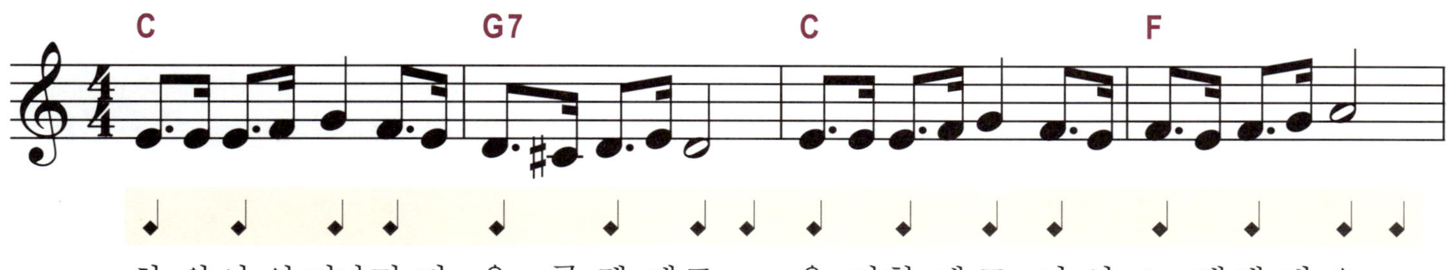

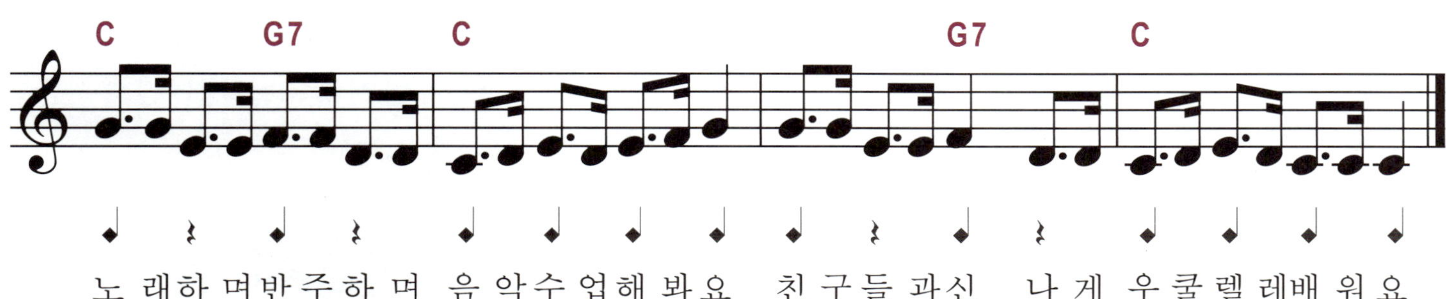

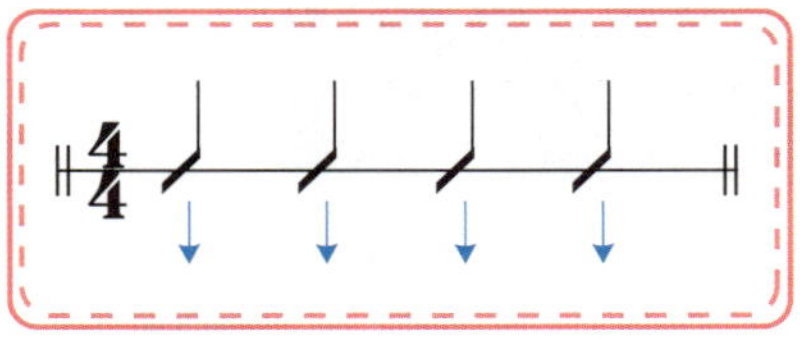

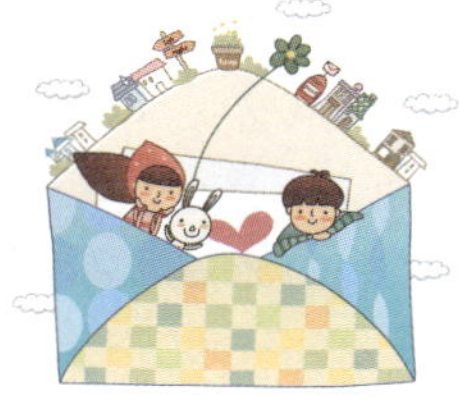

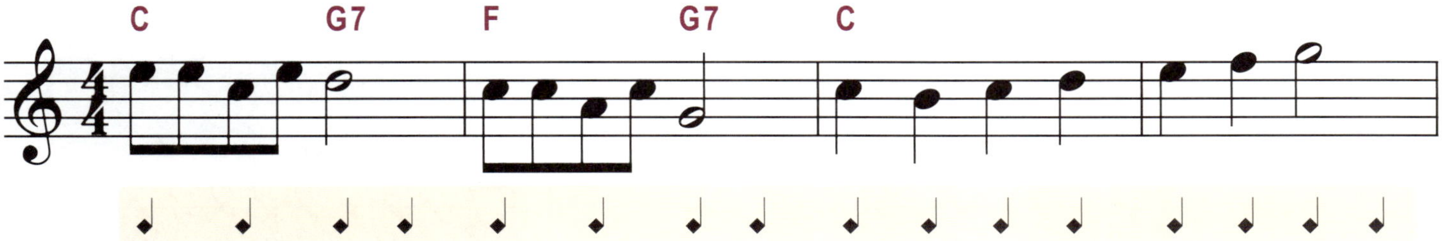

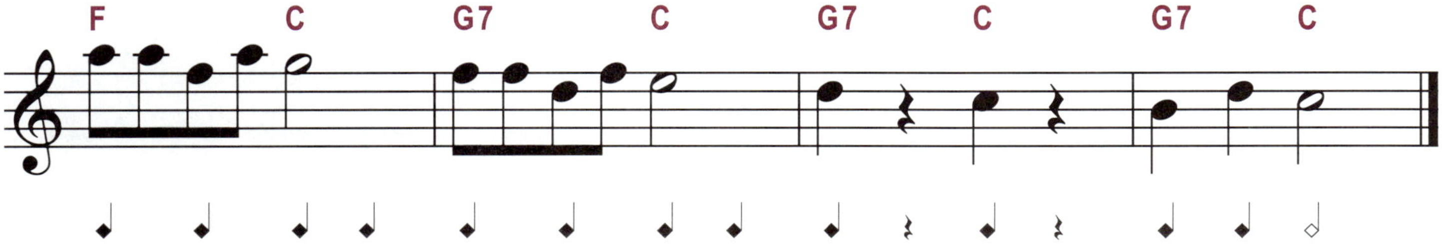

업 스트로크와 8비트

- **업 스트로크는** 1번 줄에서 4번 줄 방향(아래에서 위로)으로 올려치는 것으로 ↑ 또는 V로 나타냅니다.

- 처음에는 모든 줄을 치려고 하지 말고 1번 줄 부터 2, 3번 줄만 가볍게 칩니다. 억지로 모든 줄을 스트로크하면 리듬이 흐트러져 치기 어려워집니다. 바디쪽에서 앞으로 쳐 올리는 것이 좋습니다.

- 손목의 힘을 빼고 손을 부드럽게 잘 돌려서 스트로크합니다.

- 집게손가락으로 다운 업 스트로크를 할 때는 집게손가락을 가볍게 놓고 약간 폈다, 구부 렸다 하면 좀 더 자연스럽게 스트로크할 수 있습니다.

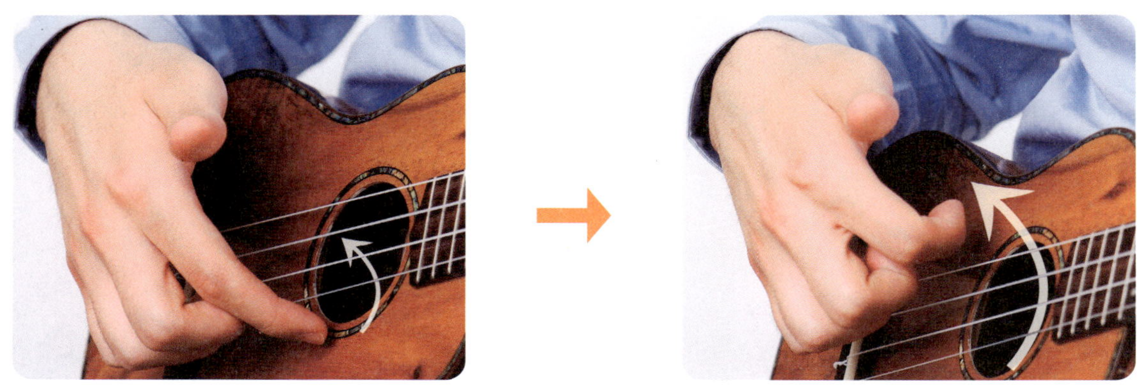

4비트의 다운 스크로크 사이에 업 스트로크를 끼워 넣은 것으로 다운, 업이 규칙적으로 반 복됩니다.

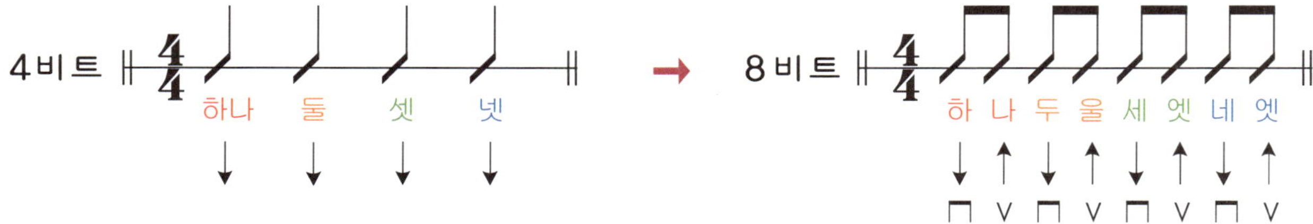

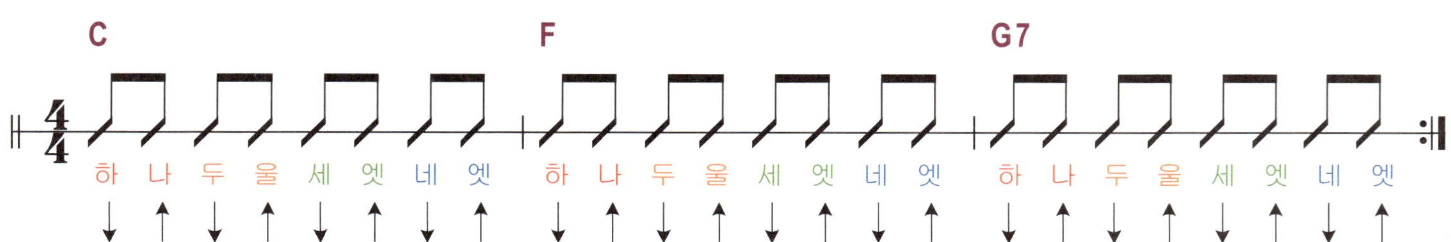

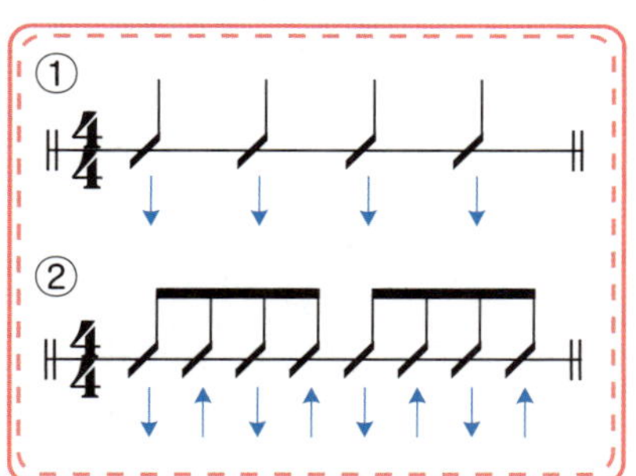

올챙이와 개구리

윤현진 작사 | 윤현진 작곡

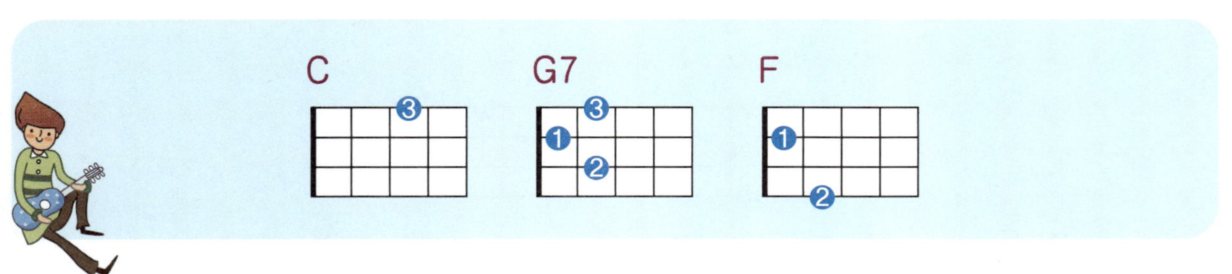

훌랄라 폴카

외국 곡

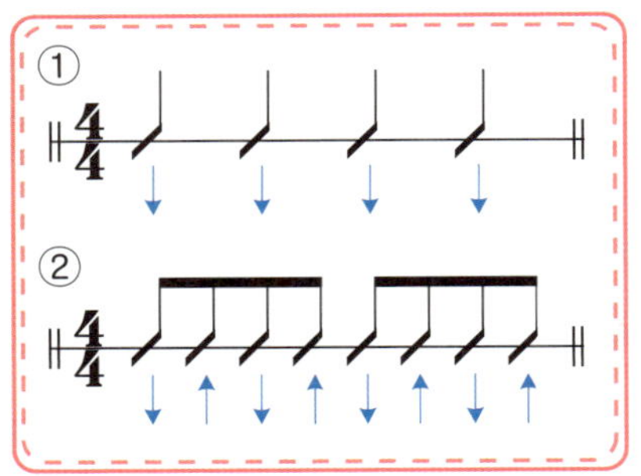

F
C
F
C
① 4비트
② 8비트
모두 모여 라 손 목 을잡 고 흥 겹 게모 두 춤 을 추 자
F
C
F
C
F
훌랄 라폴 카 훌랄 라폴 카 훌랄 라랄 라 훌 랄 라
F
C

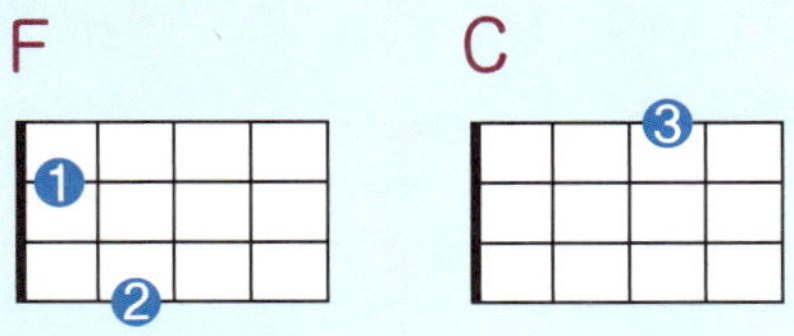

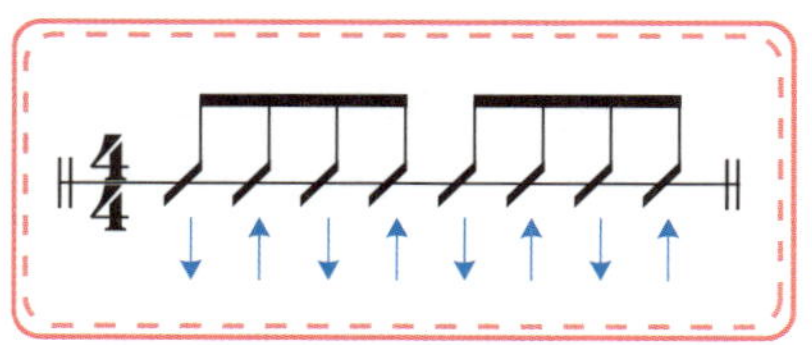

또 만나요

오세은 작사 | 오세은 작곡

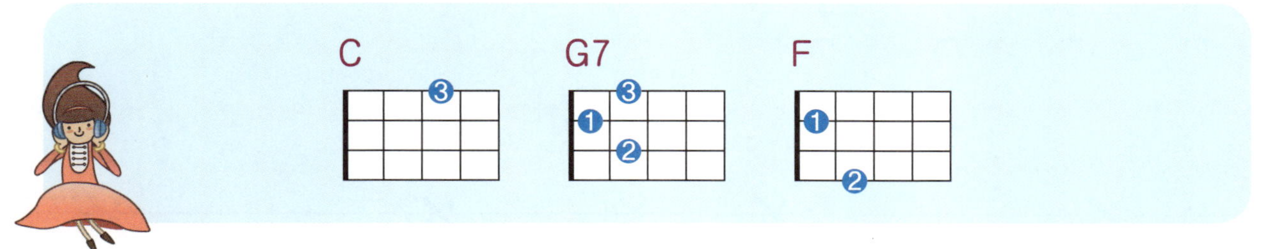

여러 가지 8비트 리듬 스트로크

다음 리듬 패턴을 C, F, G7 코드를 사용하여 익숙해질 때까지 연습합시다.

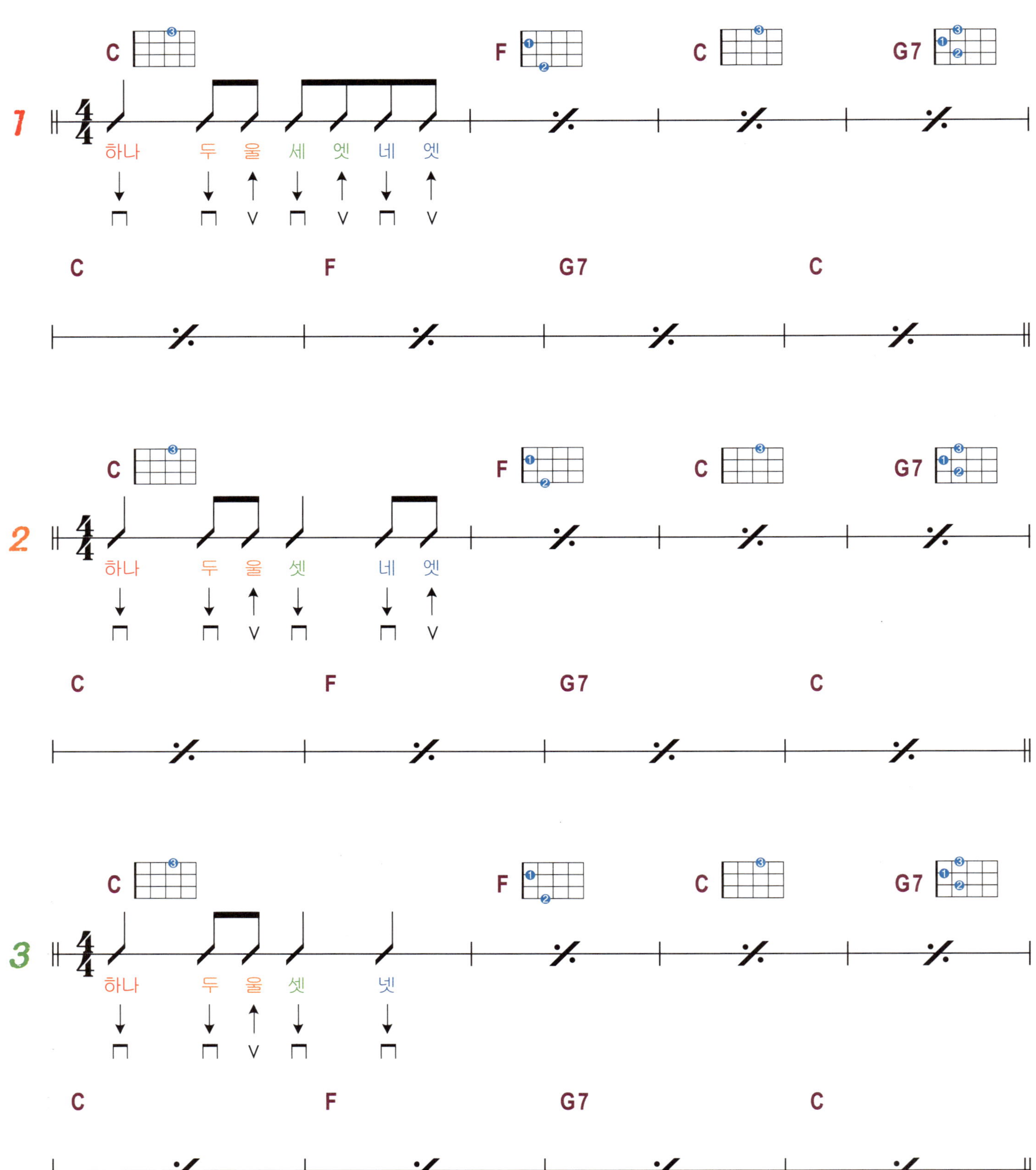

허수아비 아저씨

김규환 작사 | 김규환 작곡

TIP

끝부분은 한 박에 하나씩 코드가 바뀝니다.
코드 체인지가 잘 되지 않으면 C코드만 누르고 연주합니다.

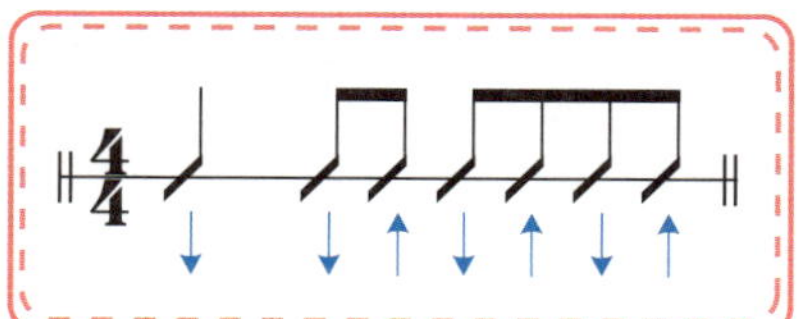

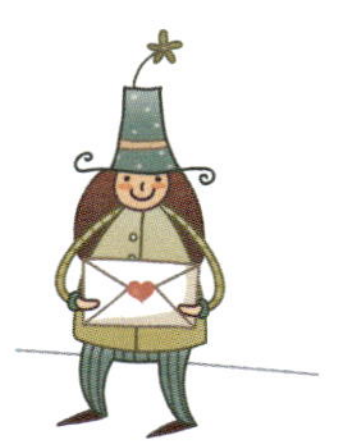

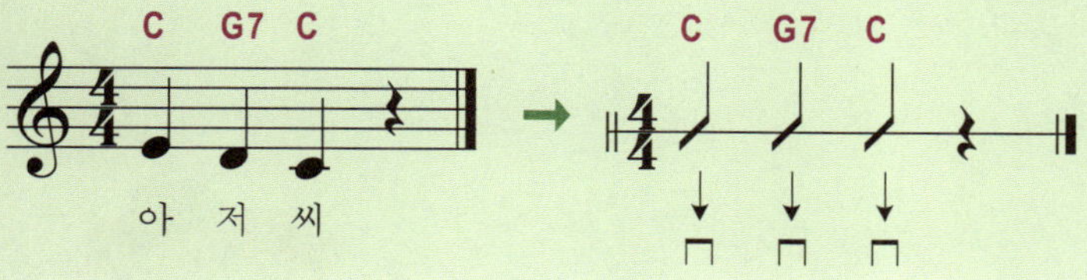

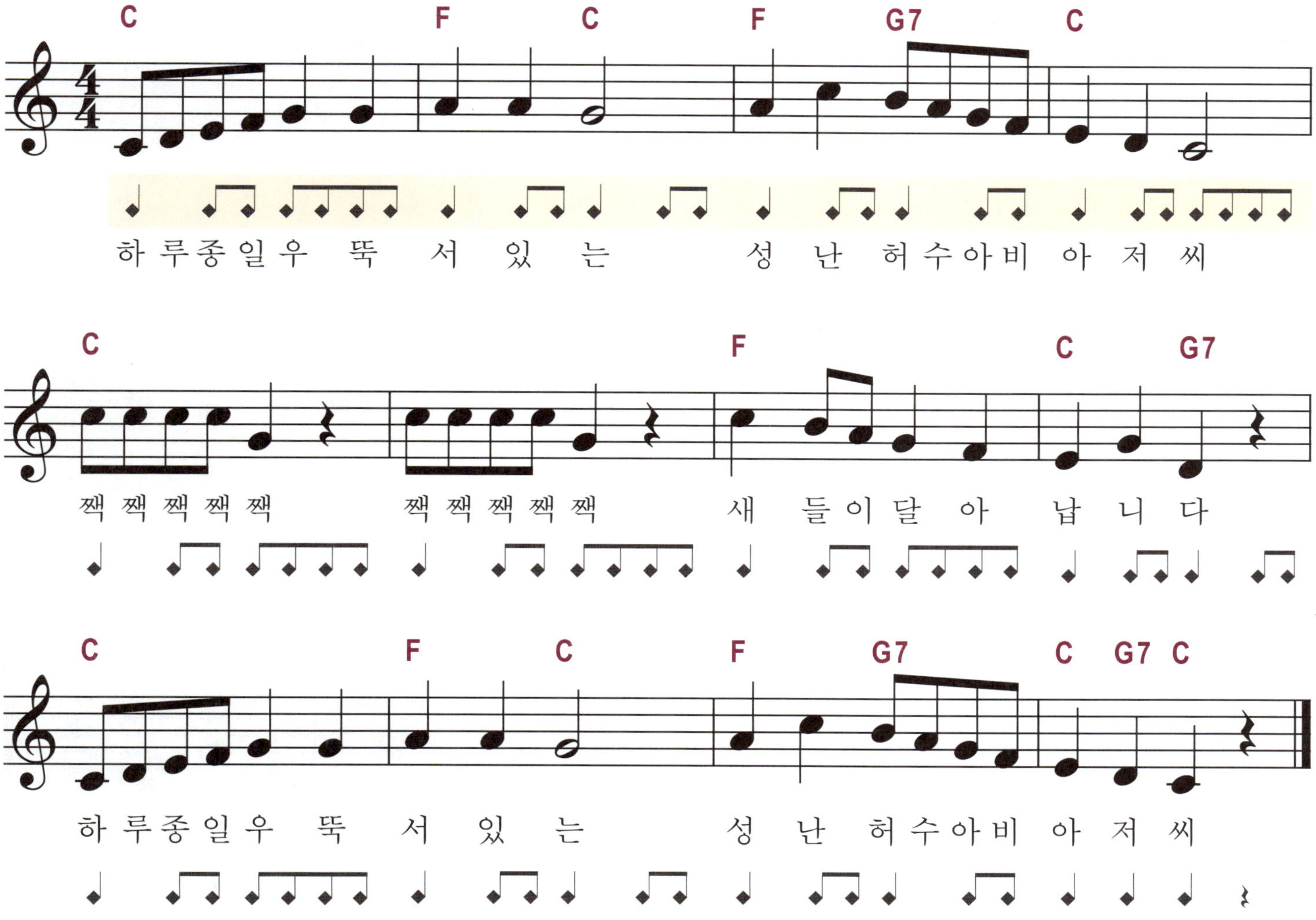

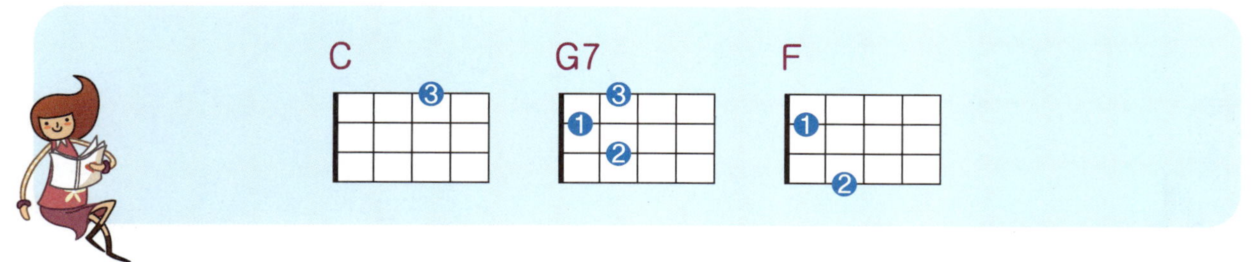

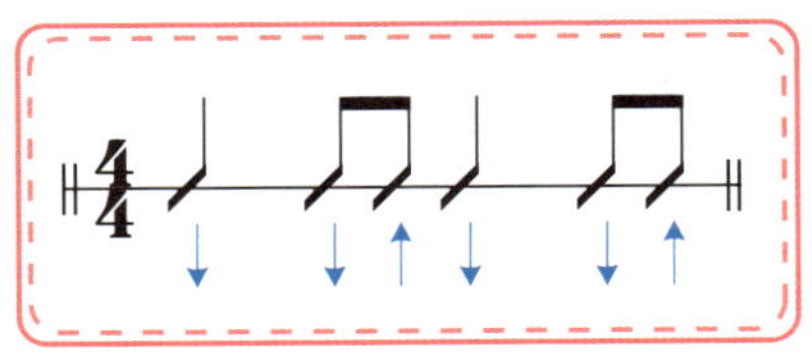

짝짜꿍

윤석중 작사 | 정순철 작곡

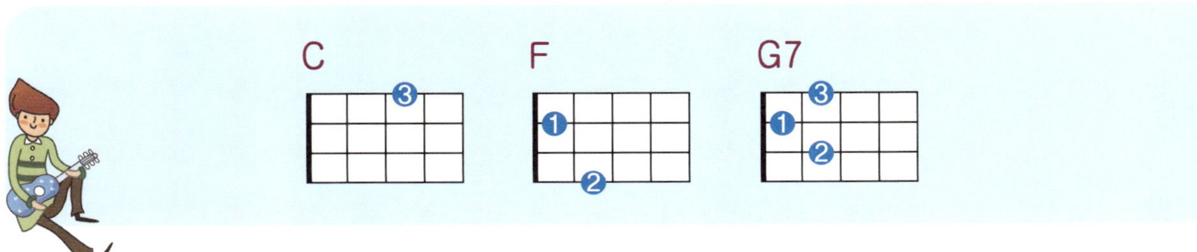

그대로 멈춰라

김방옥 작사 | 김방옥 작곡

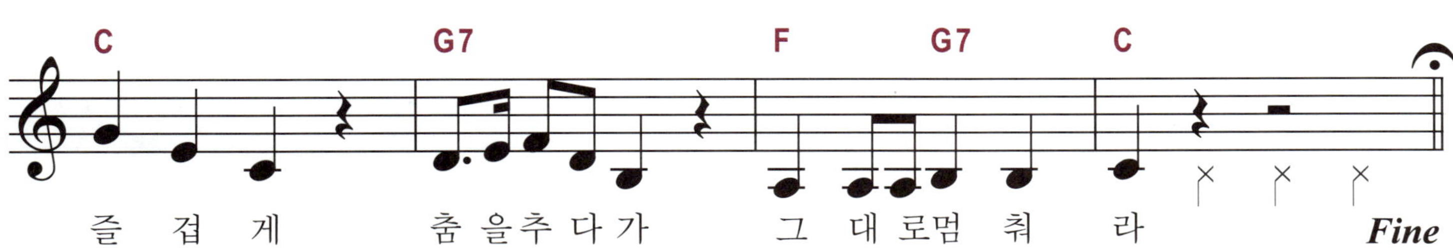

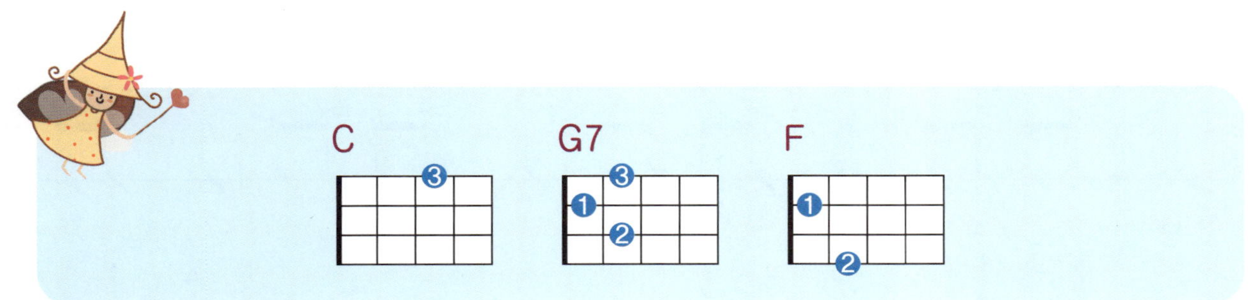

악센트(>)

악센트(>)는 그 음만 특히 세게 연주하라는 뜻입니다.

$\frac{4}{4}$박자는 둘째 박과 넷째 박에 악센트를 넣고 (*1~4*), $\frac{3}{4}$박자는 둘째 박과 셋째 박에 악센트를 넣으면(*5*) 리듬이 더욱 흥겹게 들립니다. 악센트를 넣어 신나는 연주를 해 봅시다.

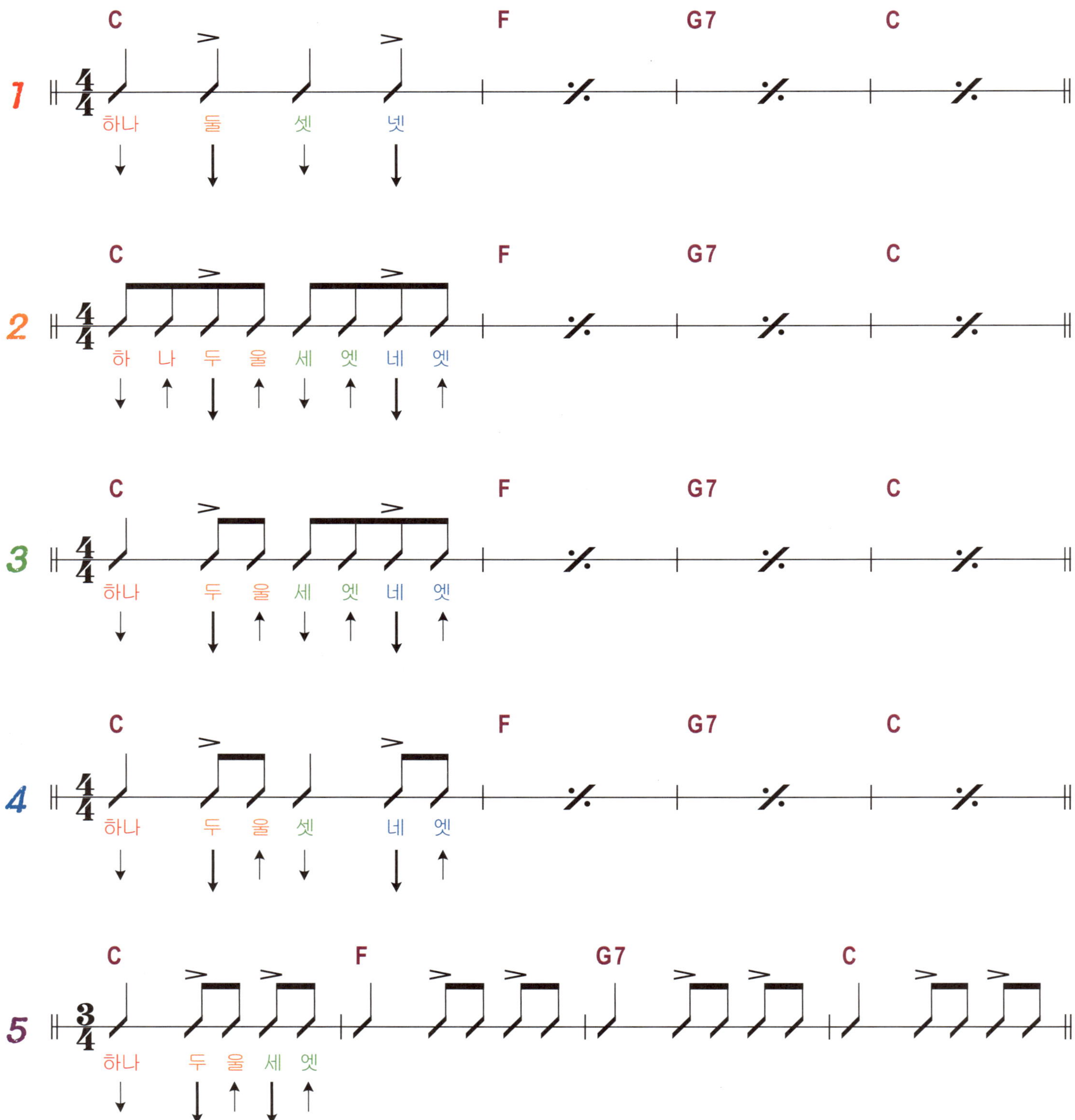

C7코드

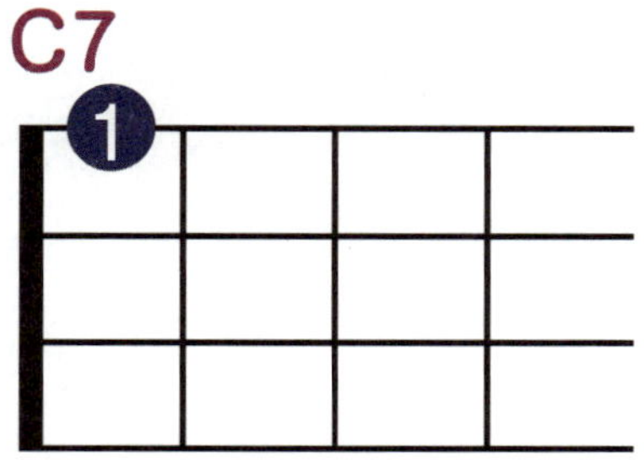

C7
1

• 1번 손가락으로 1번 줄의 1프렛을 누릅니다. (1학년 1반)

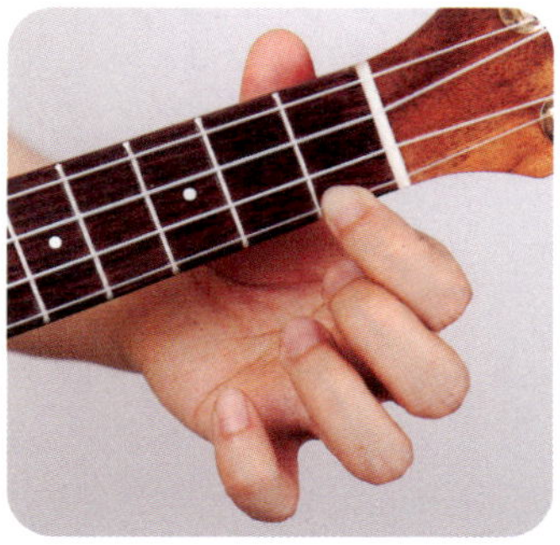

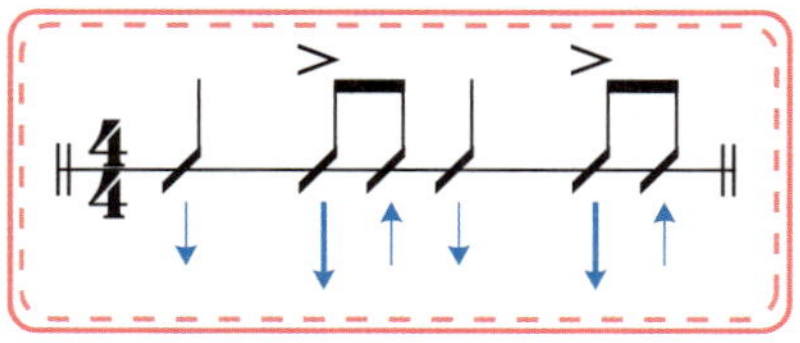

엄마돼지 아기돼지

박홍근 작사 | 김규환 작곡

TIP

***D.C.* (다 카포)**

처음으로 돌아가 ***Fine***(피네)나 𝄐 에서 끝냅니다.

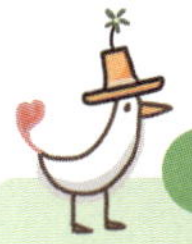

F
C7
토 실 토 실 아 기 돼 - 지
젖 달 라 고 꿀 꿀 꿀
F
C7
F
엄 마 돼 지 오 냐 오 - 냐
알 았 다 고 꿀 꿀 꿀
Fine
C
꿀 꿀 꿀 꿀 꿀 꿀 꿀 꿀
꿀 꿀 꿀 꿀 꿀 꿀 꿀 꿀
꿀 꿀 꿀 꿀 꿀
D.C.

F
1
2
C7
1
C
3

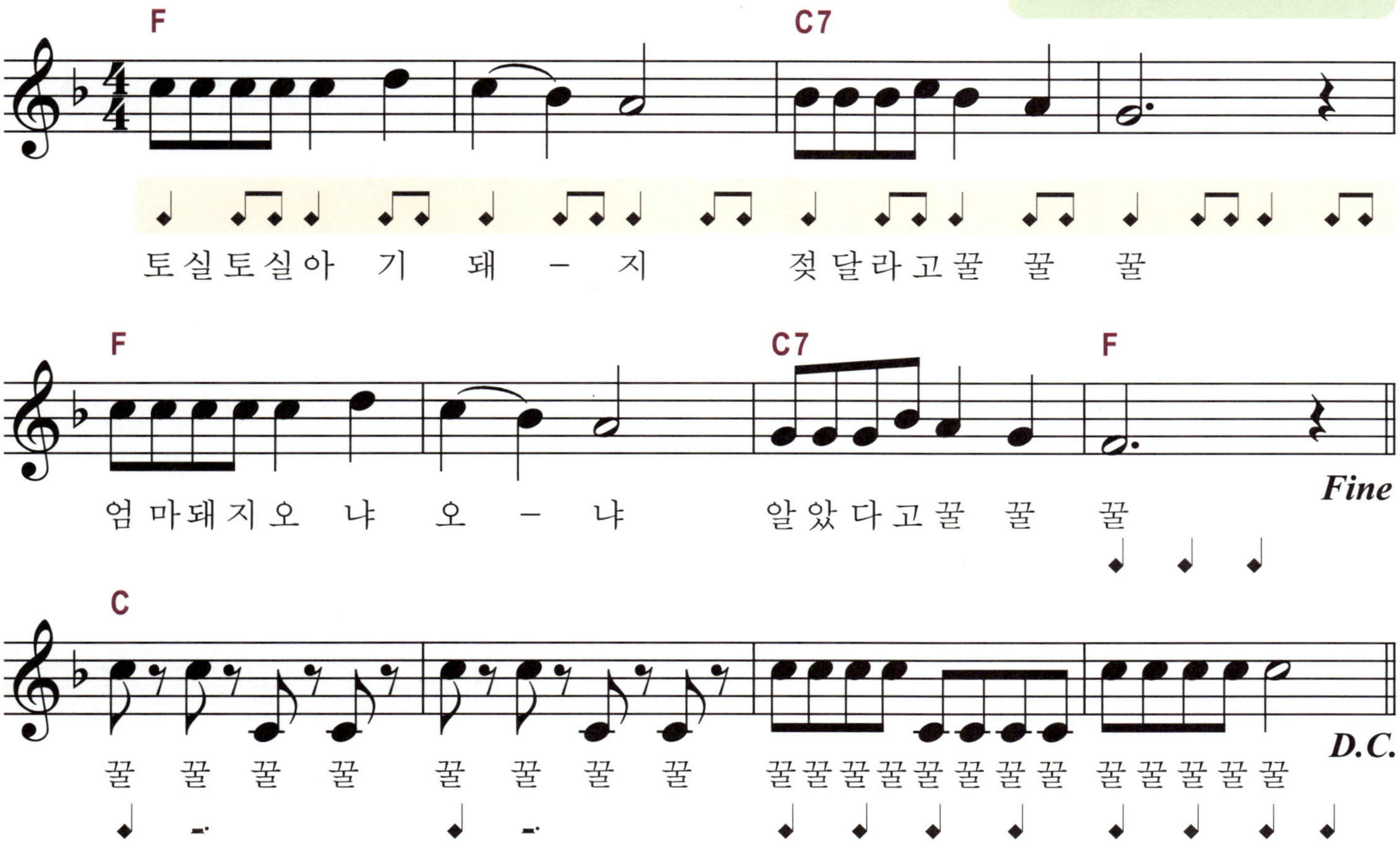

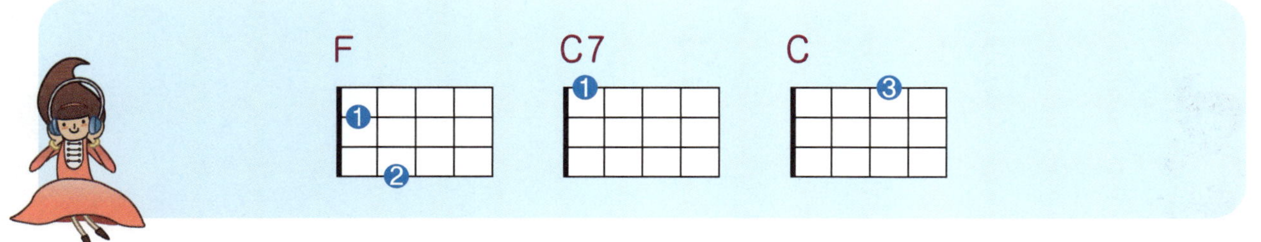

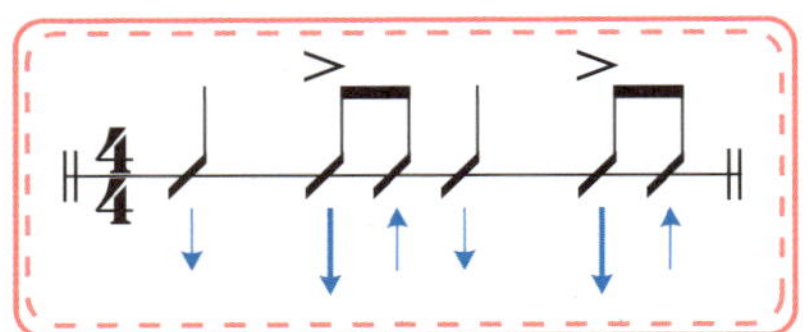

새 달력

윤석중 작사 | 정혜옥 작곡

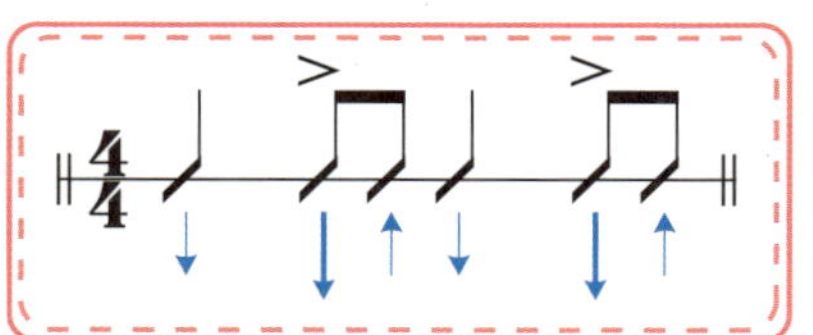

숲 속의 음악가

이요섭 작사 | 이요섭 작곡

TIP

① 못갖춘마디는 반주를 하지 않는 것이 자연스럽습니다.
② 노랫말 '진짠짠' 부분은 악센트를 넣어 다운 스트로크합니다.

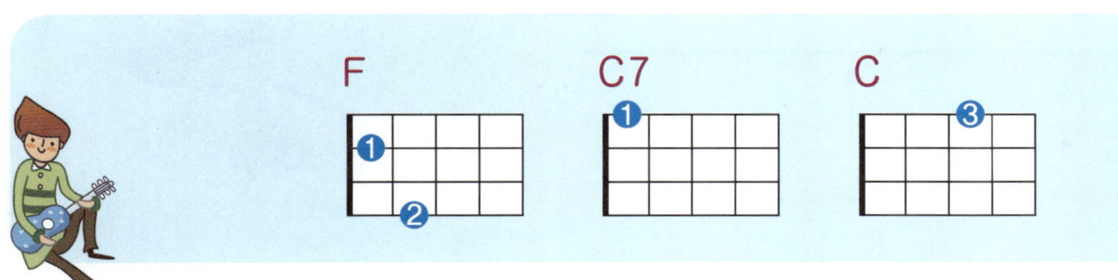

- 왼손가락에 맞는 번호를 써 보세요.

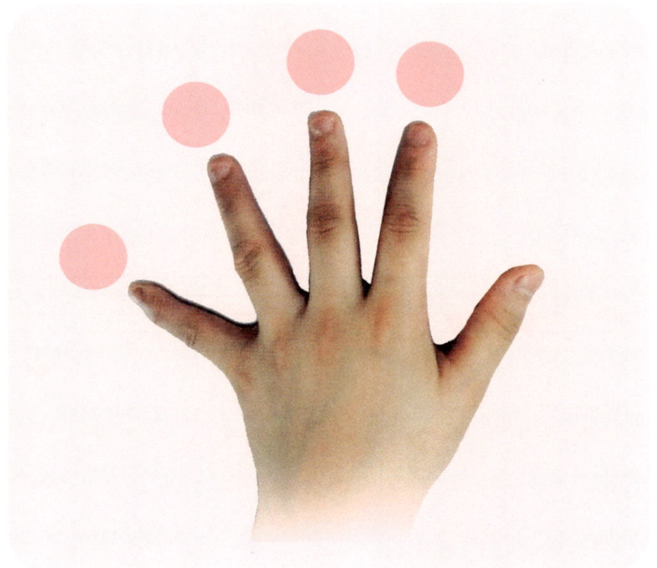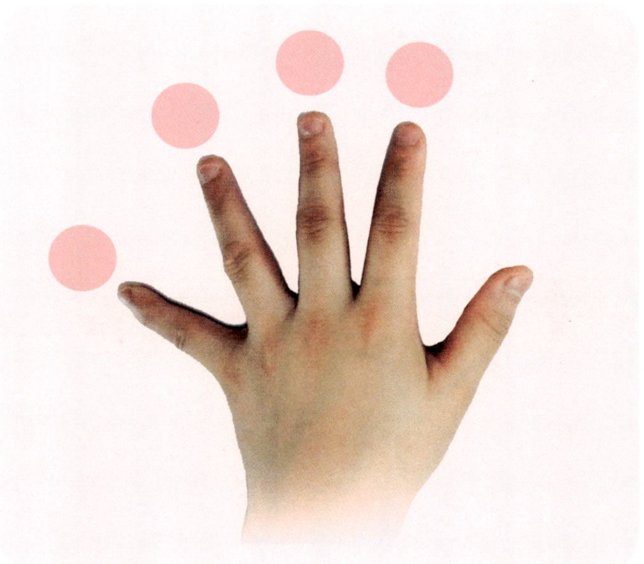

- 우쿨렐레의 줄 이름을 써 보세요.

- 우쿨렐레의 프렛 번호를 써 보세요.

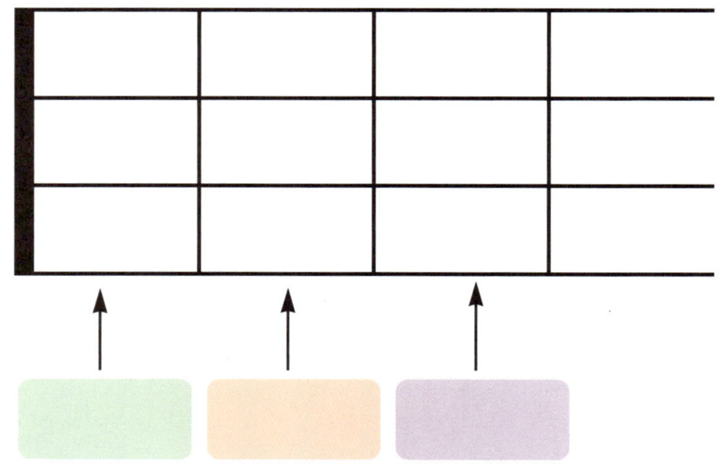

• 코드 운지에 맞게 지판에 색()으로 나타내 보세요.

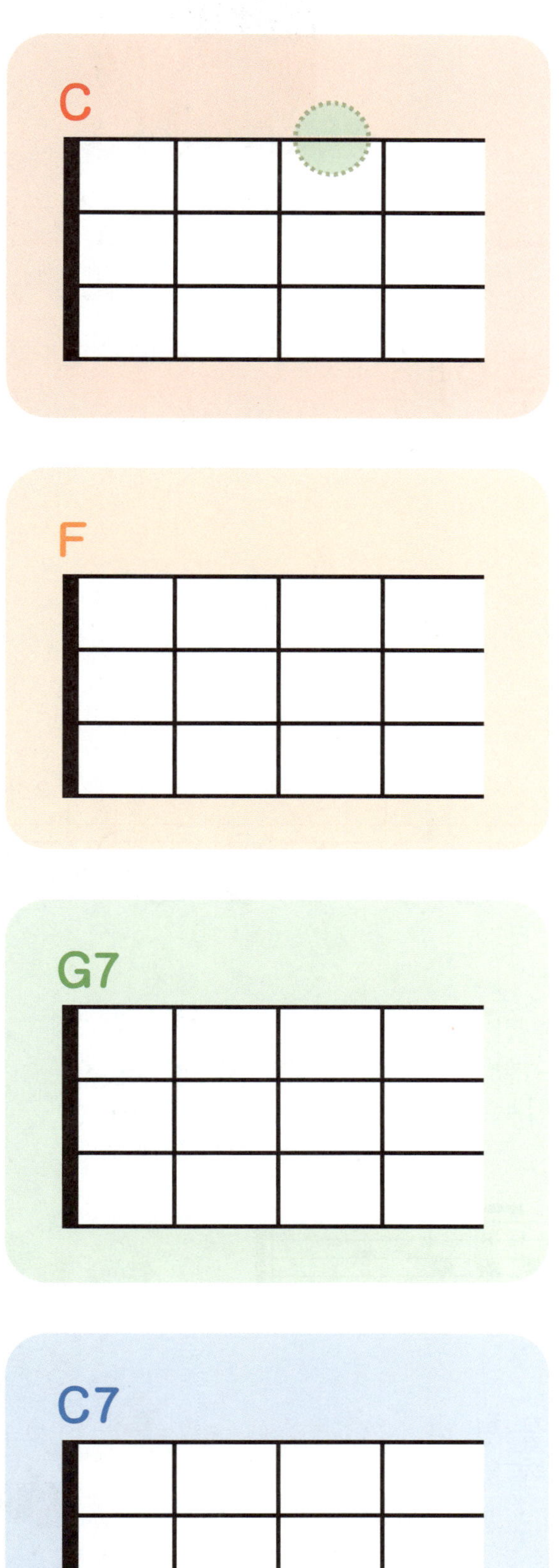

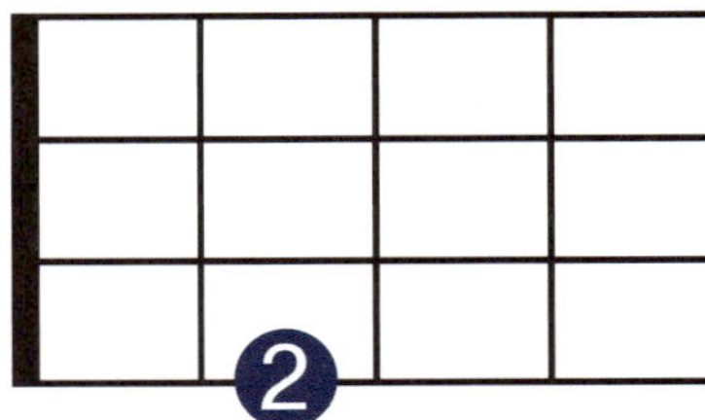

• 2번 손가락으로 4번 줄의
2프렛을 누릅니다.
(4학년 2반)

여우야 여우야

전래 동요

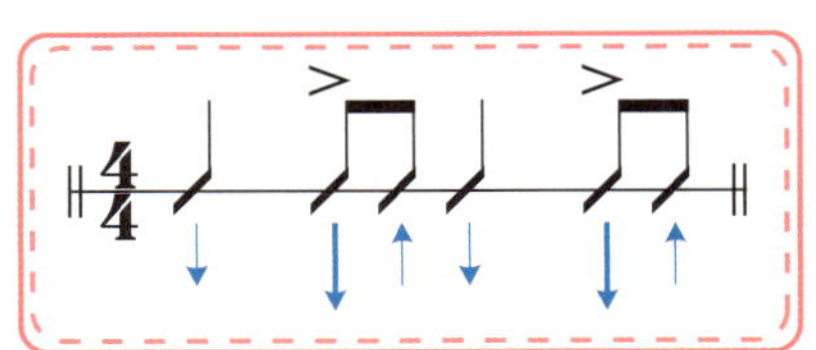

✕ 표시는 우쿨렐레의 바디(몸통)를 칩니다.

Love Flower

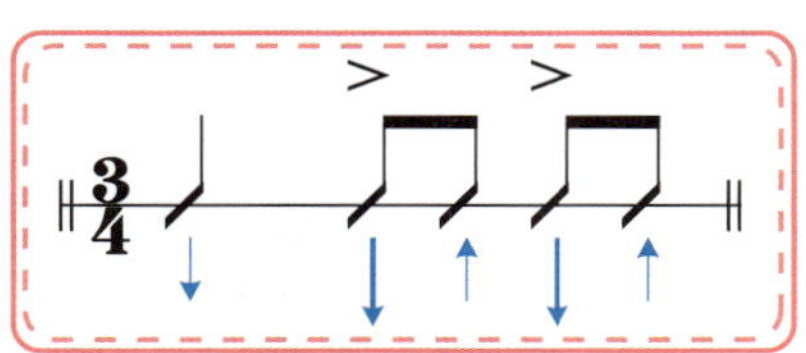

아리랑

구전 민요

TIP
$\frac{3}{4}$ 박자에서는 2, 3박에 악센트(>)를 넣어줍니다.

C   Am   F   G7
아   리 랑 – 아   리 랑 – 아   라 – 리 – 요

C   Am   F   C
아   리 랑 – 고 – 개 – 로 – 넘   어 간   다

C   Am   F   G7
나   를   버 리   고   가 시 는 님 – 은

C   Am   F   C
십   리 도 – 못 – 가 – 서 – 발   병 난   다

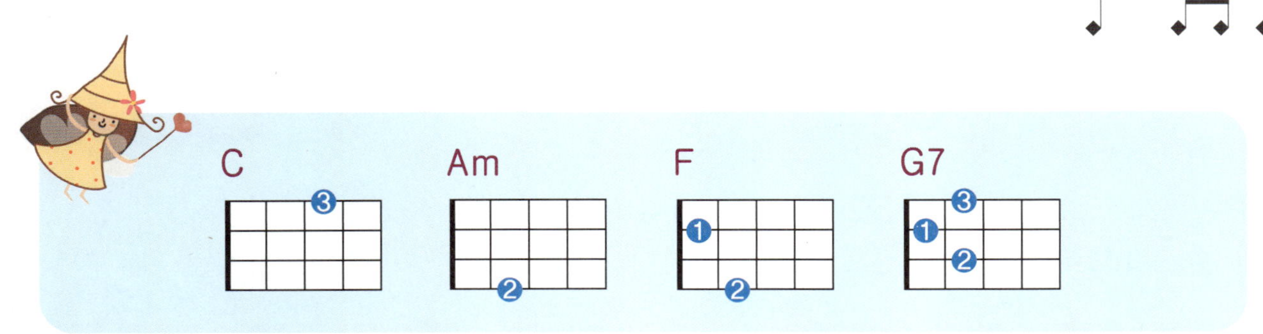

C   Am   F   G7

Dm코드

Dm

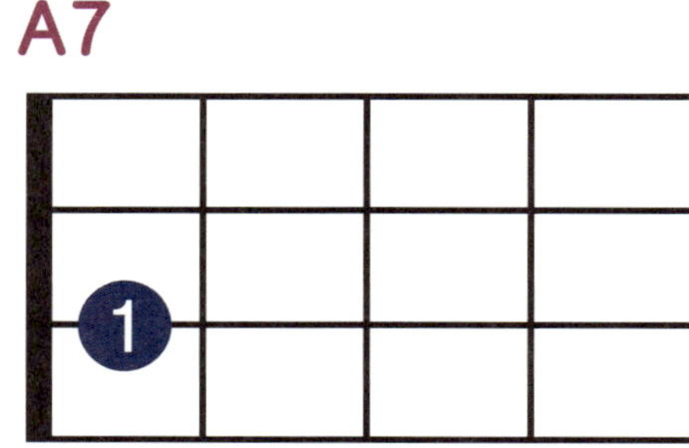

- 1번 손가락으로 2번 줄의 1프렛을 누릅니다(2학년 1반).
- 2번 손가락으로 4번 줄의 2프렛을 누릅니다(4학년 2반).
- 3번 손가락으로 3번 줄의 2프렛을 누릅니다(3학년 2반).

2프렛 안에서 2, 3번 손가락을 함께 누를 때 손목을 헤드쪽으로 45° 정도 틀어주면 음을 정확히 누를 수 있습니다!

A7코드

A7

- 1번 손가락으로 3번 줄의 1프렛을 누릅니다(3학년 1반).

A코드

A

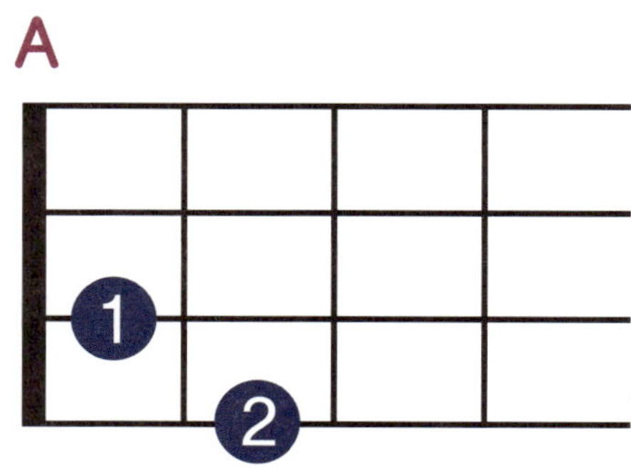

- 1번 손가락으로 3번 줄의 1프렛을 누릅니다(3학년 1반).
- 2번 손가락으로 4번 줄의 2프렛을 누릅니다(4학년 2반).

종소리

작사 미상 | 로버트 쉬만 작곡

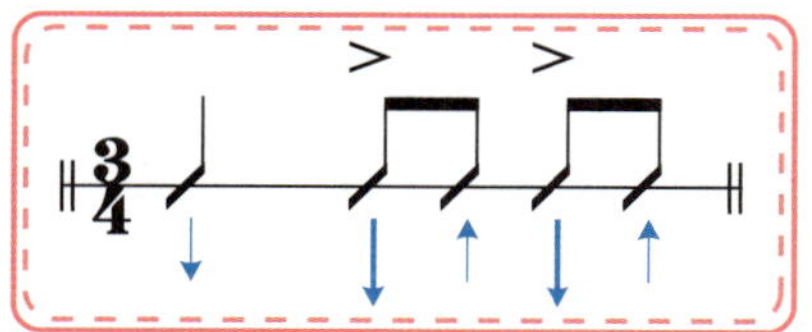

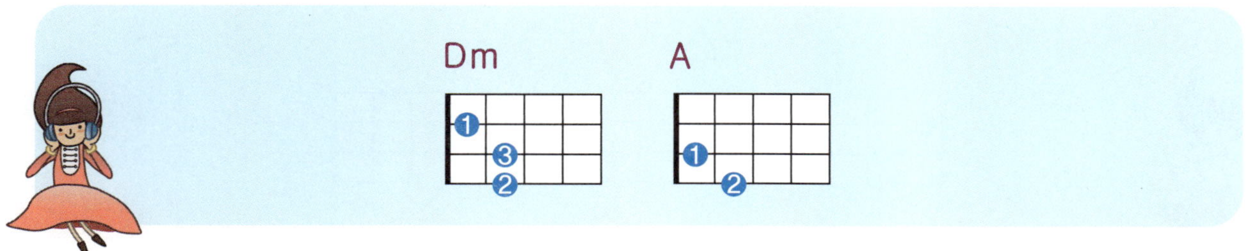

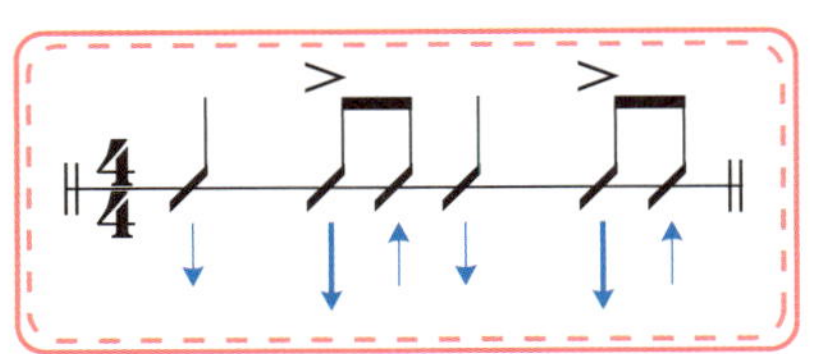

악어떼

이요섭 작사 | 이요섭 작곡

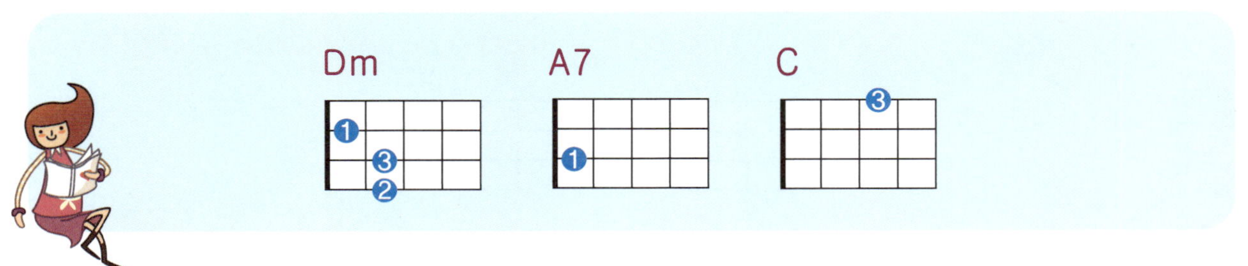

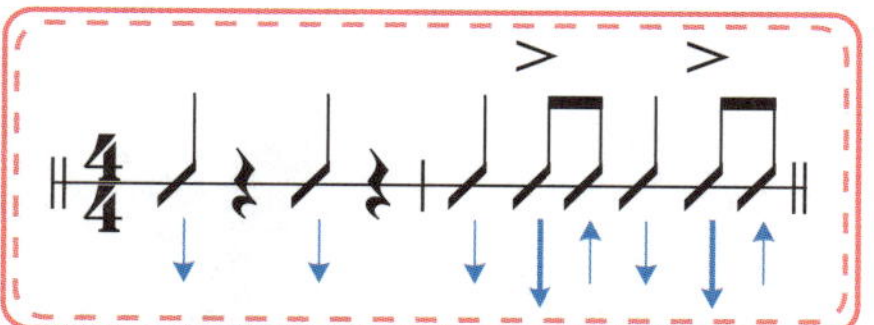

딱따구리

외국 곡

Dm코드에서 A코드로 바꿀 때
공통음인 2번 손가락은
움직이지 않는 것이 좋습니다.

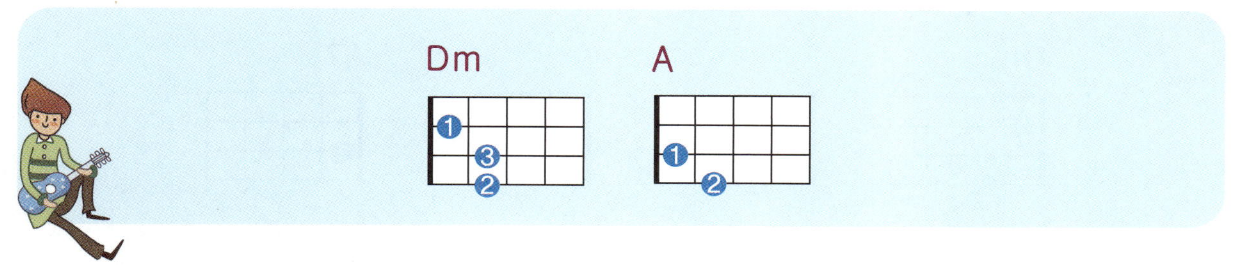

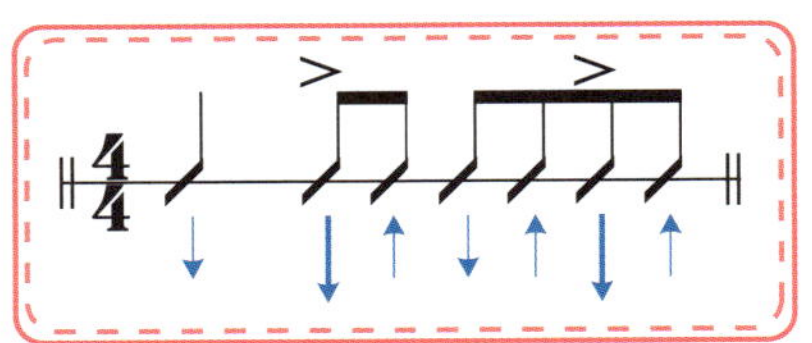

김치 주제가

박문영 작사 ｜ 박문영 작곡

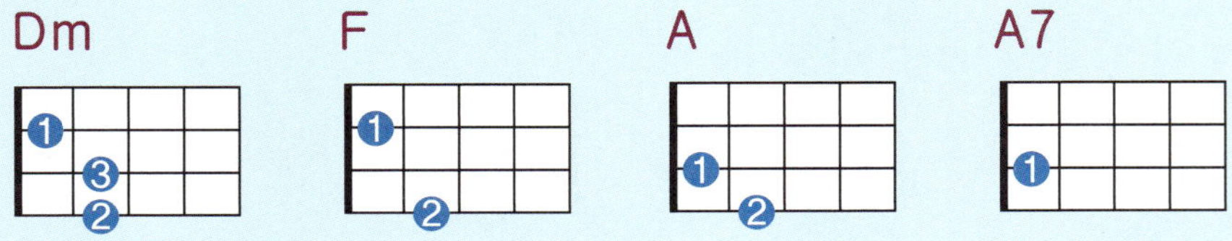

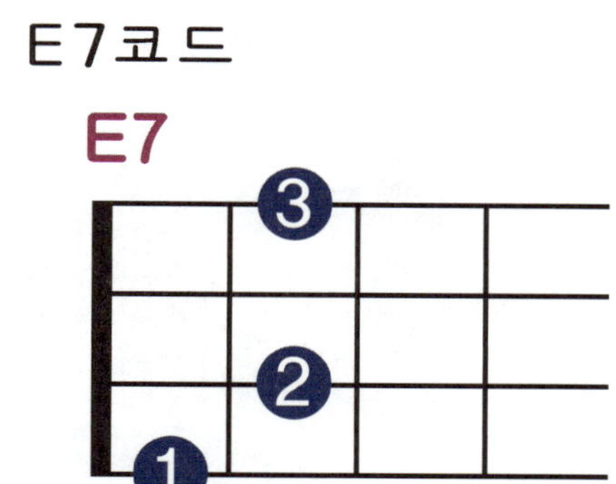

- 1번 손가락으로 4번 줄의 1프렛을 누릅니다(4학년 1반).
- 2번 손가락으로 3번 줄의 2프렛을 누릅니다(3학년 2반).
- 3번 손가락으로 1번 줄의 2프렛을 누릅니다(1학년 2반).

독도는 우리 땅

박문영 작사 | 박문영 작곡

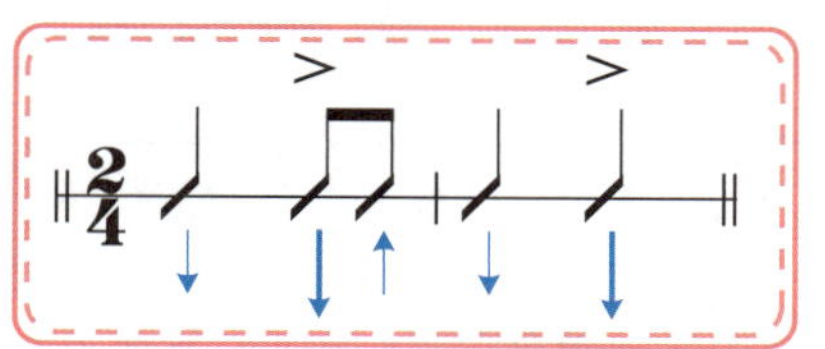

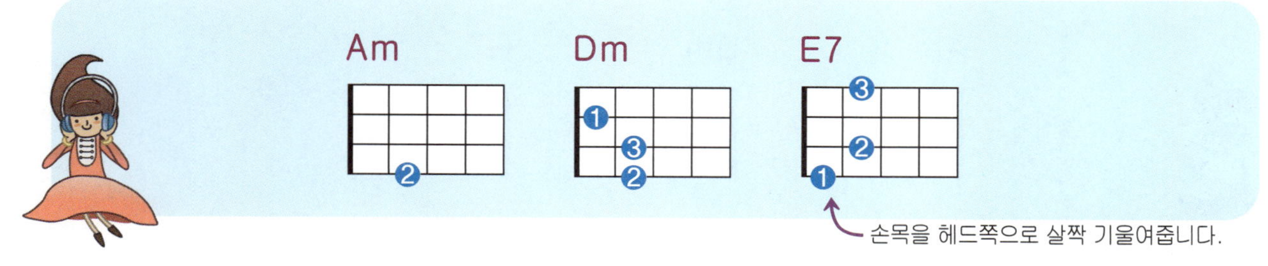

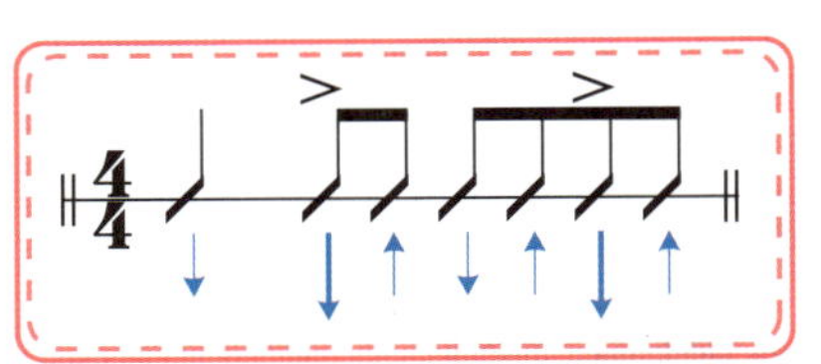

아빠와 크레파스

이혜민 작사 | 이혜민 작곡

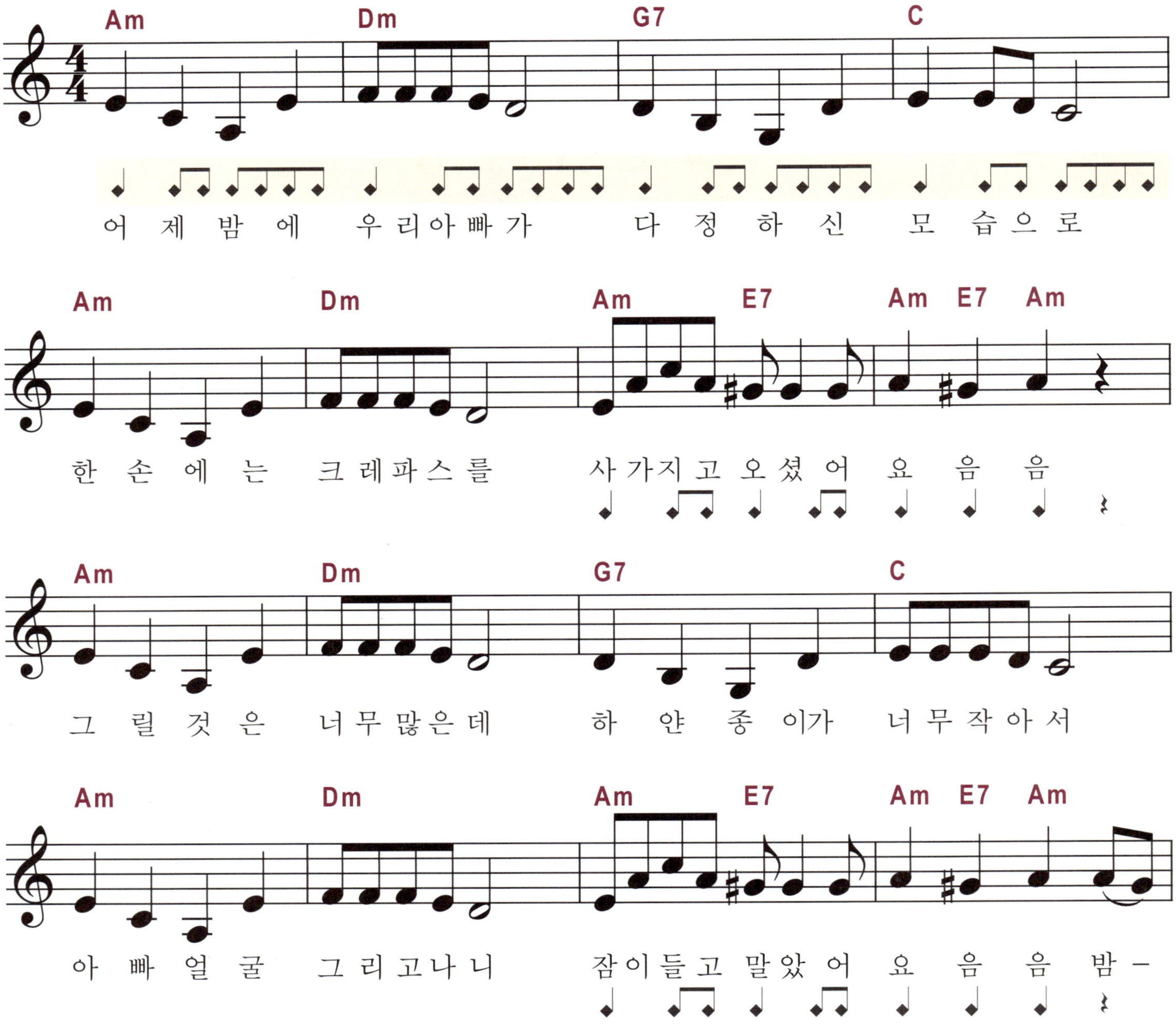

어제밤에 우리아빠가 다정하신 모습으로

한 손에는 크레파스를 사가지고 오셨어요 음 음

그릴 것은 너무많은데 하얀 종이가 너무작아서

아빠얼굴 그리고나니 잠이들고 말았어요 음 음 밤—

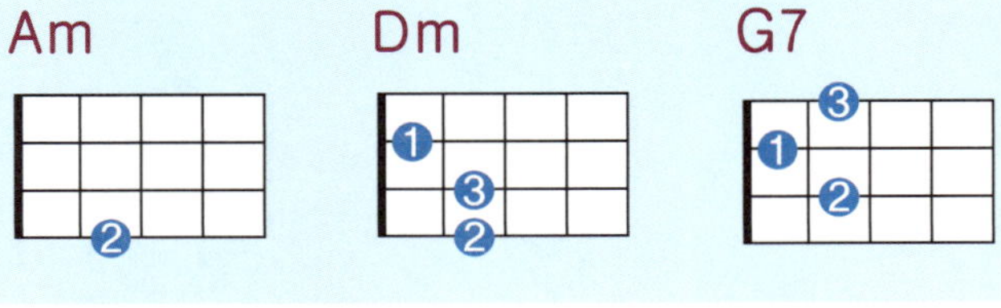

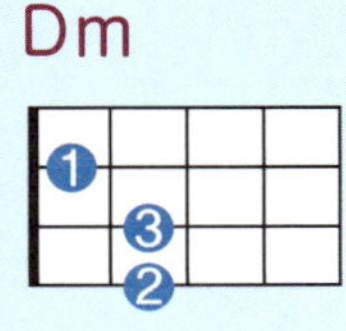

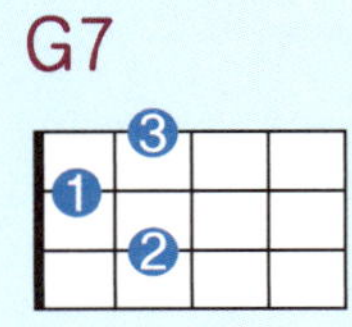

TIP
여덟 째 마디는 한 박에 코드가 하나씩 있으므로 코드
체인지를 빠르게 해야합니다. 코드 체인지가 잘 되지
않으면 Am코드만 누르고 연주합니다.

Dm
G7
C
Am
새 －꿈나라에 아기 코 끼리 가 춤을추었고 크레

Dm
Am
E7
Am E7 Am
파 스 －병정들 은 나뭇잎을 타 고놀았 죠 음 음

Am
Dm
G7
C
어 젯 밤 엔 달 빛 도 아 － 빠 의 웃 음 처 럼

Am
Dm
Am
E7
Am E7 Am
나 의 창 에 기 대 어 포근히날 재워줬어 요 음 음

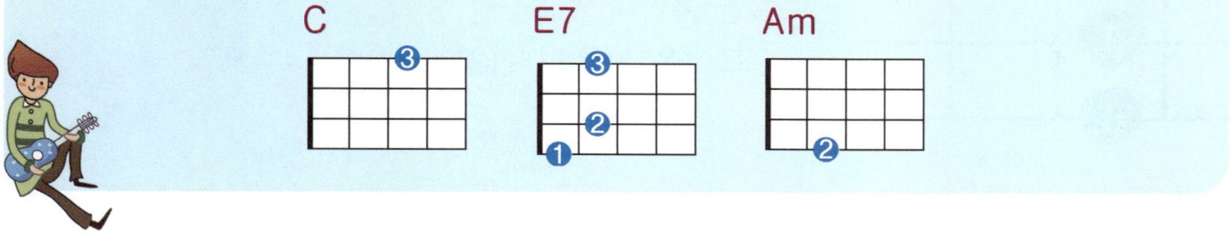

C
E7
Am

G코드와 D코드

G코드와 D코드는 두 가지 누르는 방법이 있습니다. 두 가지 방법을 다 연습해 보세요.
G(2), D(2)로 누를 때는 각 줄에 손가락 힘이 고르게 분배되도록 주의합니다.

G (1)

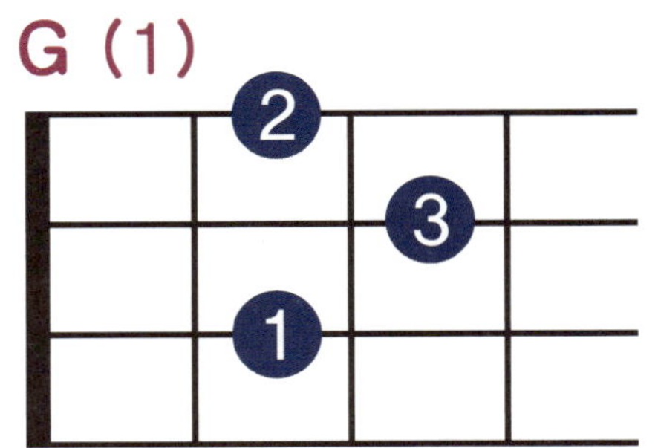

- 1번 손가락으로 3번 줄의 2프렛을 누릅니다(3학년 2반).
- 2번 손가락으로 1번 줄의 2프렛을 누릅니다(1학년 2반).
- 3번 손가락으로 2번 줄의 3프렛을 누릅니다(2학년 3반).

G (2)

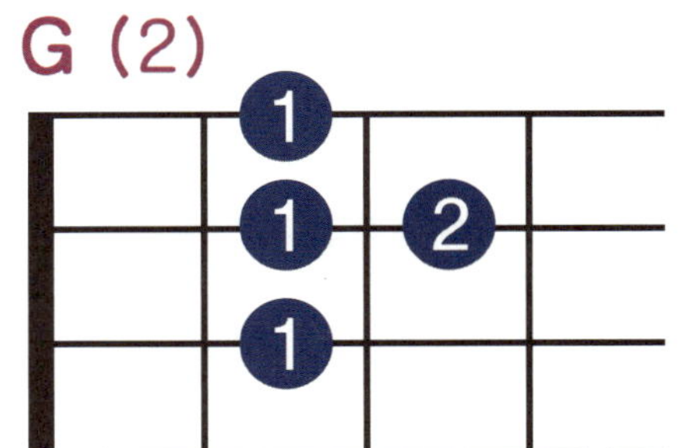

- 1번 손가락으로 1, 2, 3번 줄의 2프렛을 동시에 누릅니다.
- 2번 손가락으로 2번 줄의 3프렛을 누릅니다.

D (1)

- 1번 손가락으로 4번 줄의 2프렛을 누릅니다(4학년 2반).
- 2번 손가락으로 3번 줄의 2프렛을 누릅니다(3학년 2반).
- 3번 손가락으로 2번 줄의 2프렛을 누릅니다(2학년 2반).

D (2)

- 1번 손가락으로 3, 4번 줄의 2프렛을 동시에 누릅니다.
- 2번 손가락으로 2번 줄의 2프렛을 누릅니다(2학년 2반).

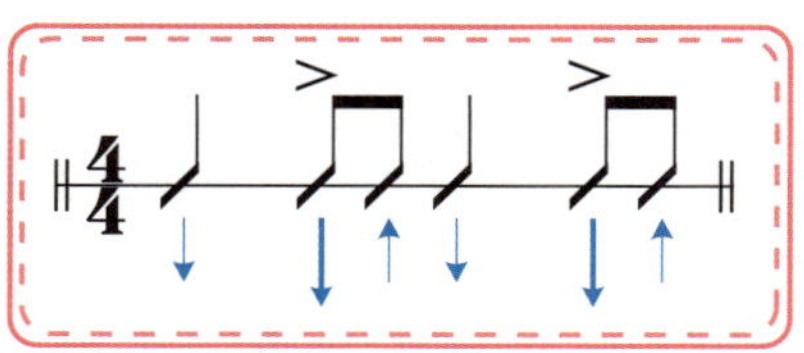

열 꼬마 인디언

외국 곡

G
D
한 꼬 마 두 꼬 마 세 꼬 마 인 디 언   네 꼬 마 다섯 꼬 마 여섯 꼬 마 인 디 언

G
D
G
일곱 꼬 마 여덟 꼬 마 아홉 꼬 마 인 디 언   열 꼬 마 인 디 언   보 이

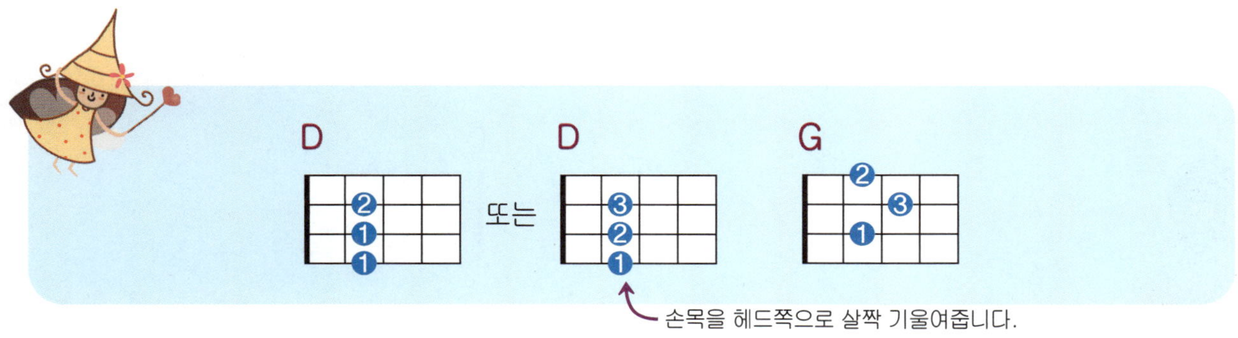

D
또는
D
G
손목을 헤드쪽으로 살짝 기울여줍니다.

종이접기

강소천 작사 | 정세문 작곡

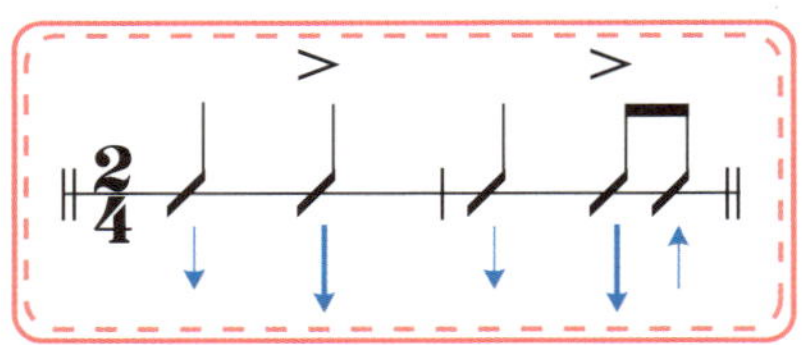

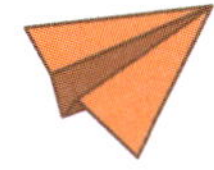

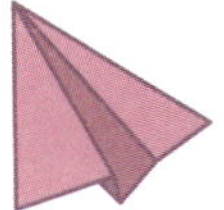

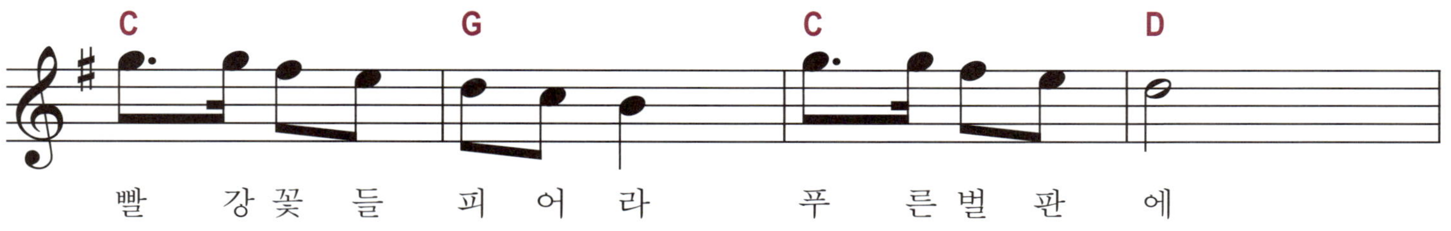

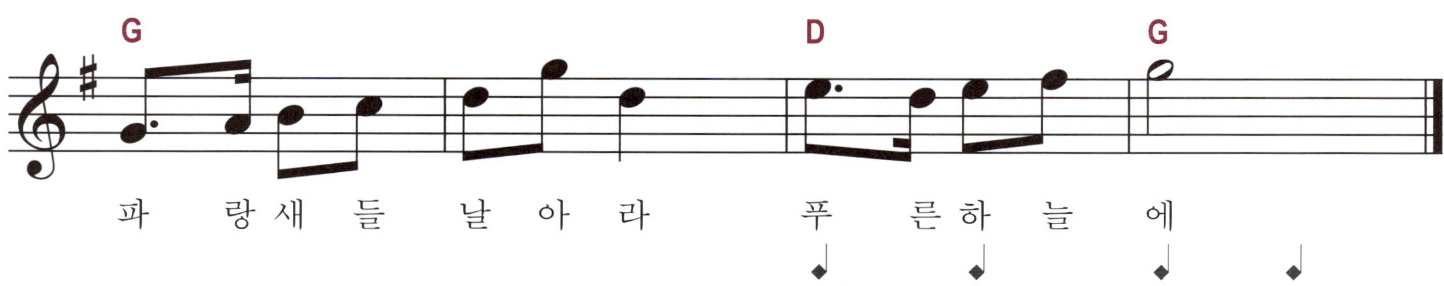

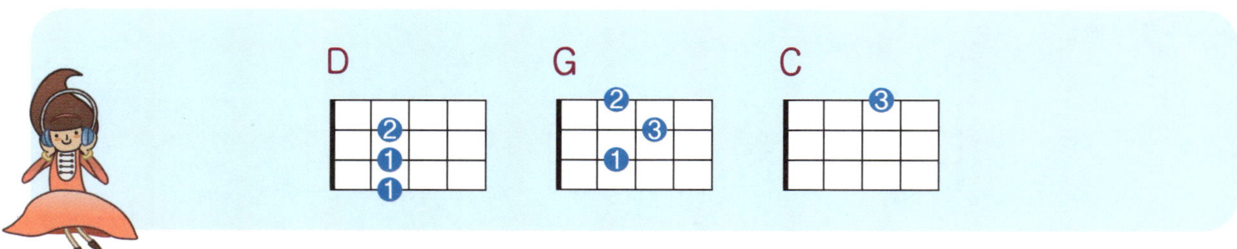

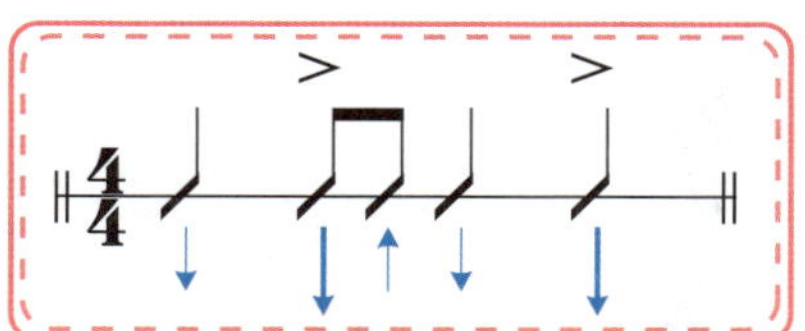

4/4

우리 모두 다같이

외국 곡

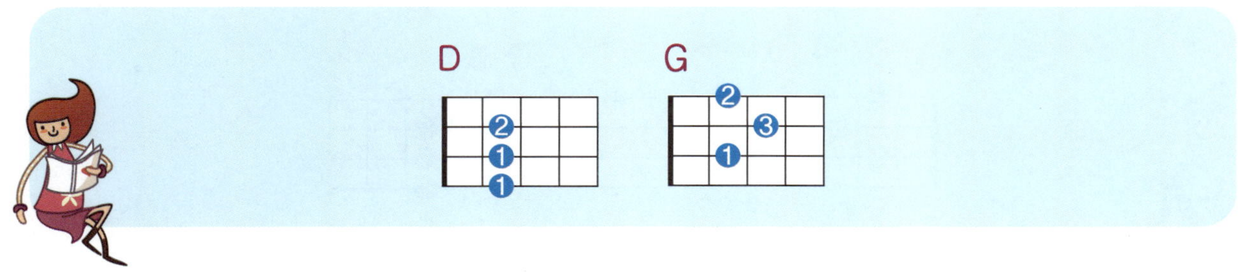

Love

TIP
① 못갖춘마디는 반주를 하지
　 않는것이 자연스럽습니다.
② 쉼표 부분(✗)은 우쿨렐레의
　 바디(몸통) 부분을 쳐 줍니다.

G　　　　　　　　　D　　　　　　　　　　　　　　G
우 리　모두 다같이 손뼉 을　　　우 리　모두 다같이 손뼉 을　　　　우 리
바디(몸통)를 친다

C　　　　　　　　G　　　　　　　　D　　　　　　G
모두 다같이 즐거 웁게노래해 우리 모두다같이 손뼉 을

D　　　G

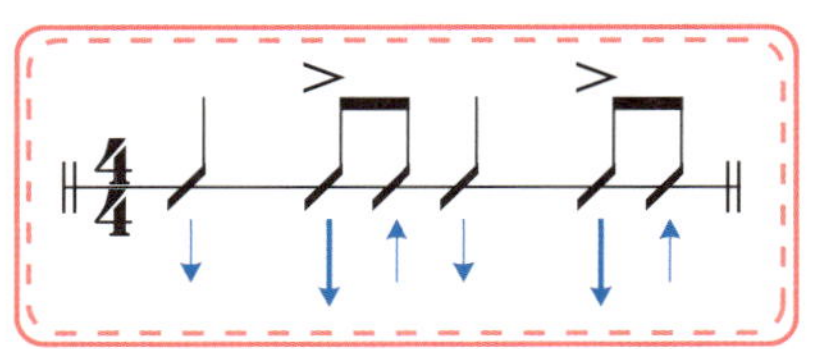

그래그래서

4/4

외국 곡

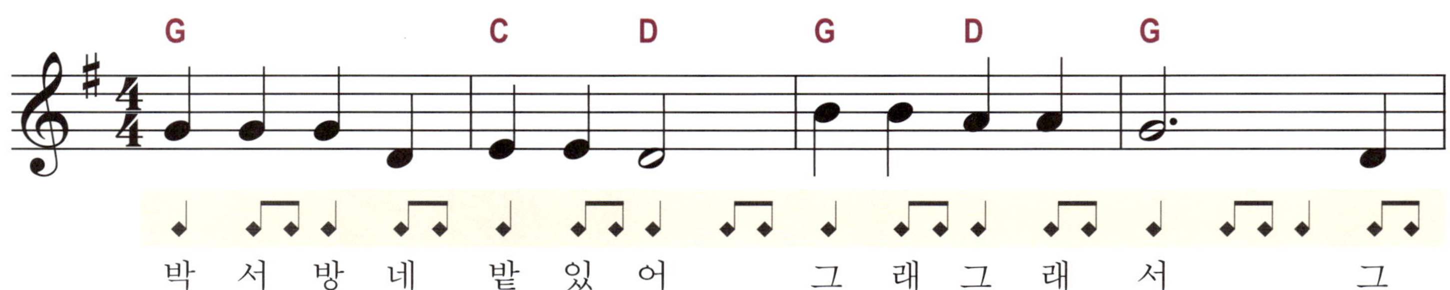

G C D G D G
박 서 방 네 밭 있 어 그 래 그 래 서 그

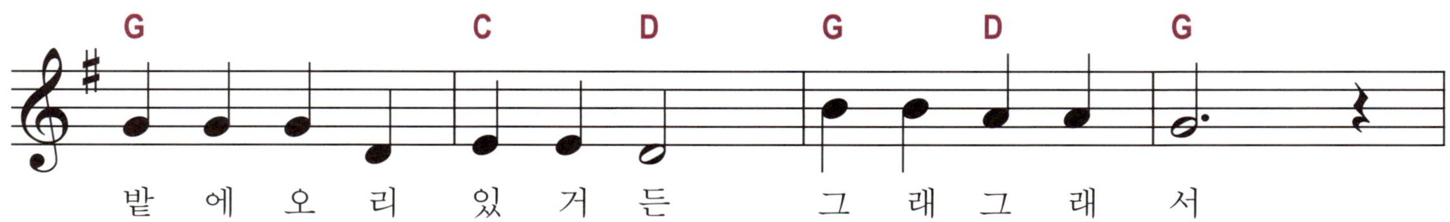

G C D G D G
밭 에 오 리 있 거 든 그 래 그 래 서

G
꽥 꽥 꽥 꽥 꽥 꽥 꽥 꽥 꽥 꽥 꽥 꽥 꽥

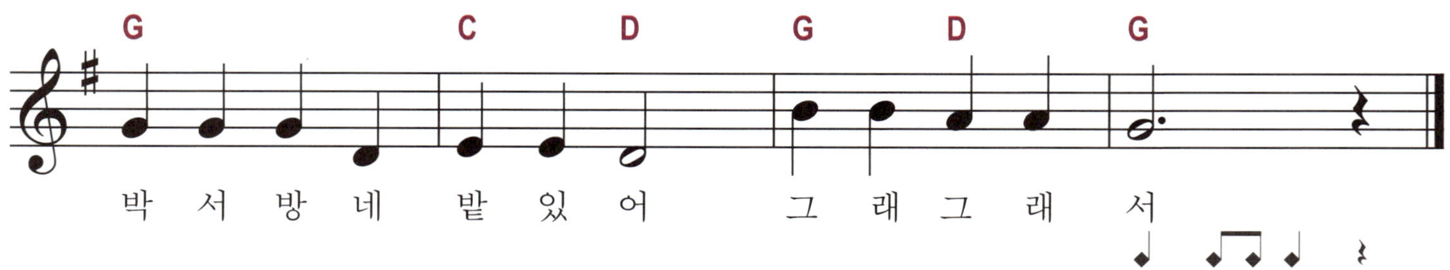

G C D G D G
박 서 방 네 밭 있 어 그 래 그 래 서

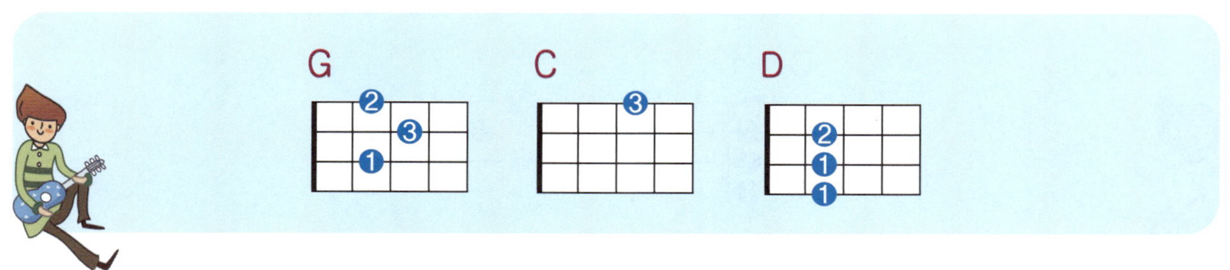

G C D

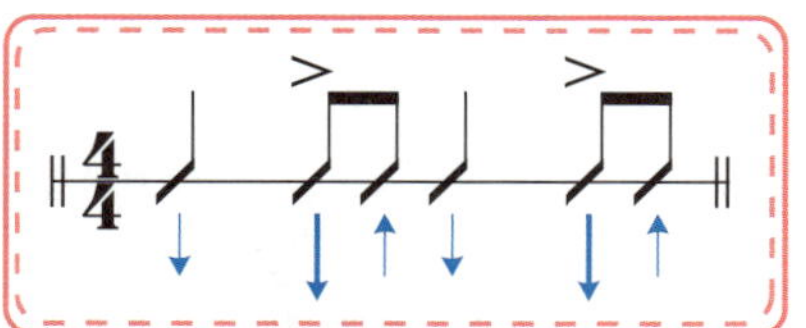

동네 한 바퀴

프랑스 민요

TIP

한 음 올리거나 내려서도 노래해 보고,
2마디 간격을 두고 돌림 노래로도 해 봅시다.
① 한 음 내려서 노래할 때는 G코드 대신
　 F코드, D코드 대신 C코드로 연주합니다.
② 한 음 올려서 노래할 때는 G코드 대신
　 A코드, D코드 대신 E7코드로 연주합니다.

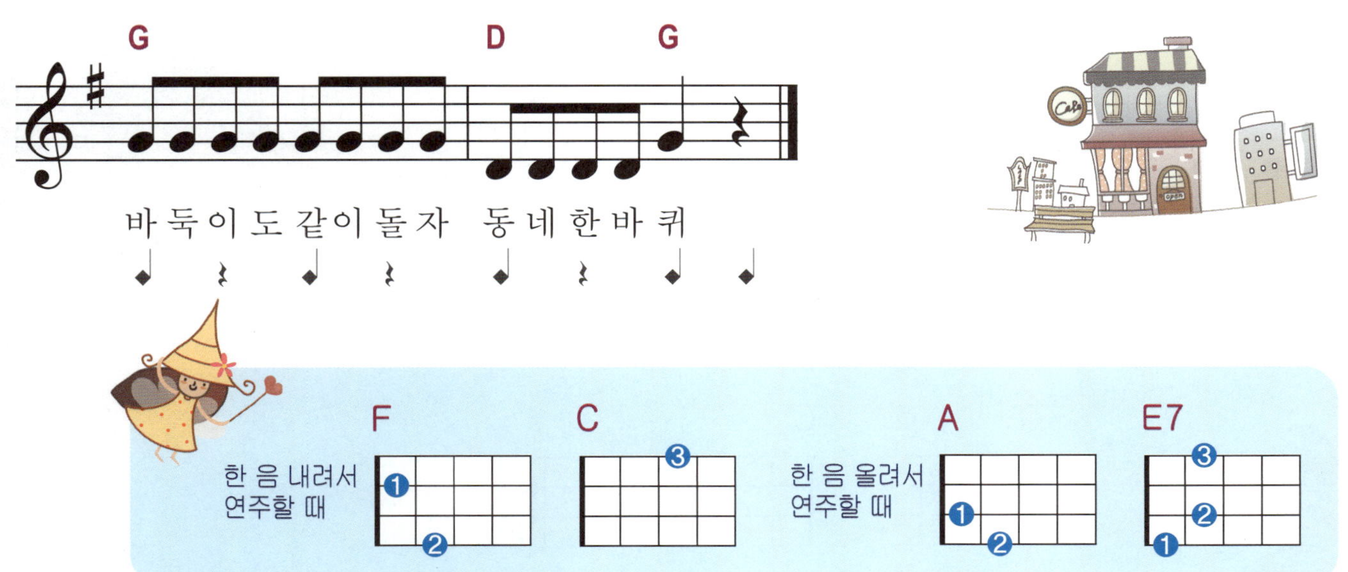

코끼리 아저씨

변규만 작사 | 변규만 작곡

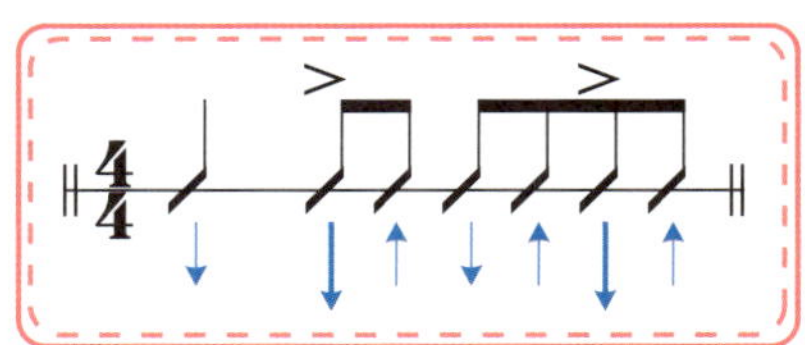

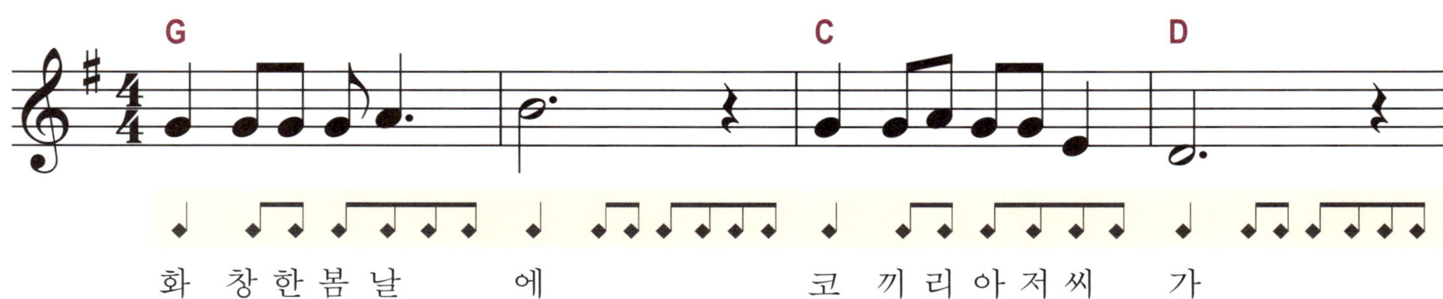

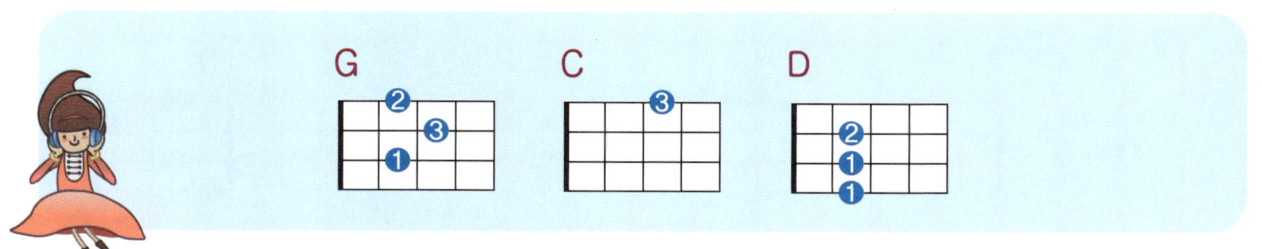

D7코드

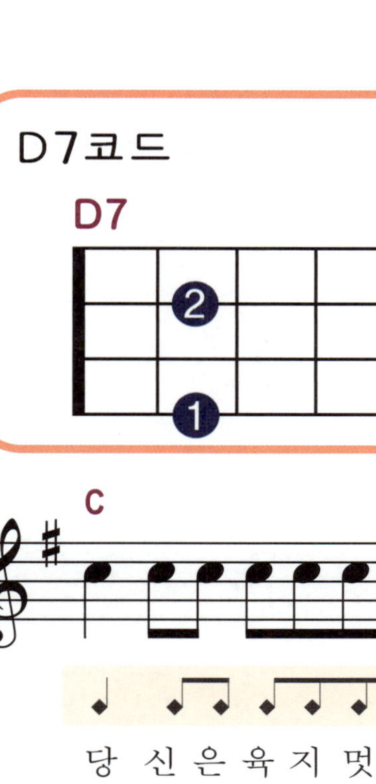

- 1번 손가락으로 4번 줄의 2프렛을 누릅니다(4학년 2반).
- 2번 손가락으로 2번 줄의 2프렛을 누릅니다(2학년 2반).

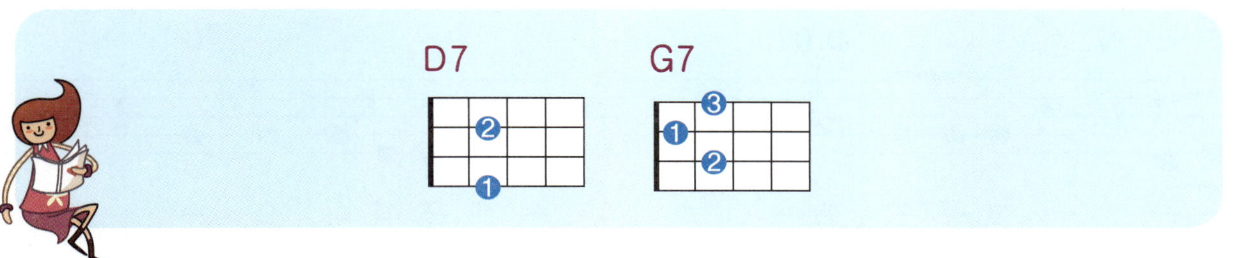

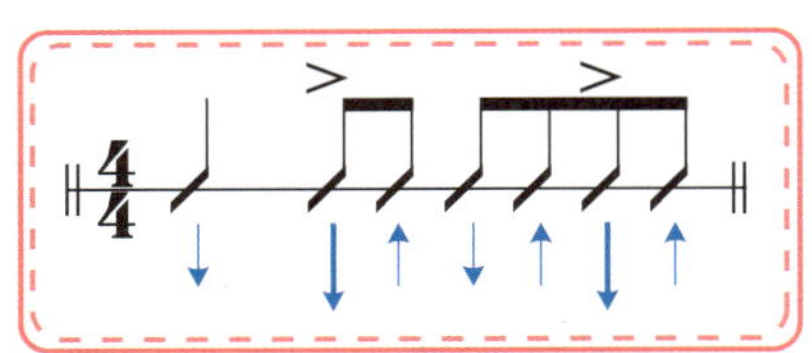

여행을 떠나요

하지영 작사 | 조용필 작곡

이슬

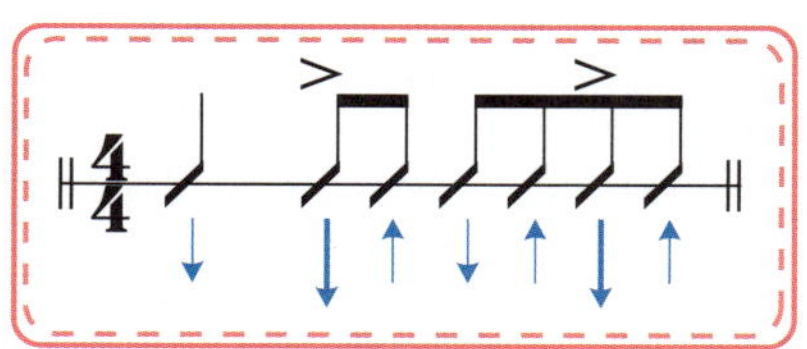

김동호 작사 | 김동호 작곡

Am코드는 4번 줄을 보통 2번 손가락으로 누르지만 앞뒤 코드에 따라 손가락이 바뀔 수 있습니다. 이 곡에서는 1번 손가락으로 누르는 것이 편리합니다.

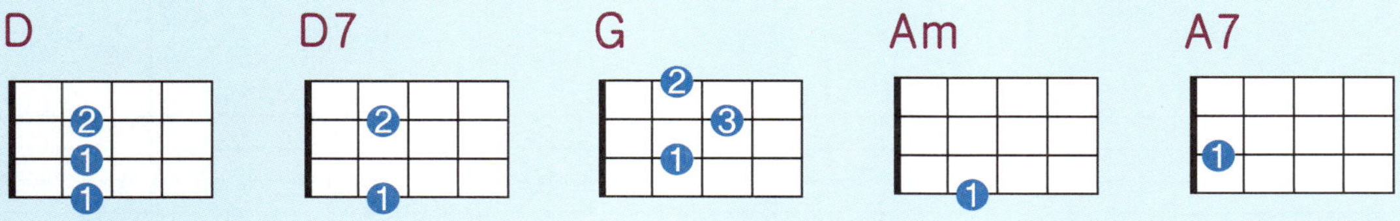

63

멜로디 연주하기

오선 악보를 읽을 수 없어도 기타나 우쿨렐레 등의 악기를 연주할 수 있도록 만들어진 쉬운 악보입니다. 우쿨렐레 타브 악보는 우쿨렐레의 줄 숫자와 같이 4줄로 이루어져 있으며 왼쪽에 TAB라고 씁니다. 타브에는 프렛 번호를 음표 모양의 숫자로 나타냅니다.

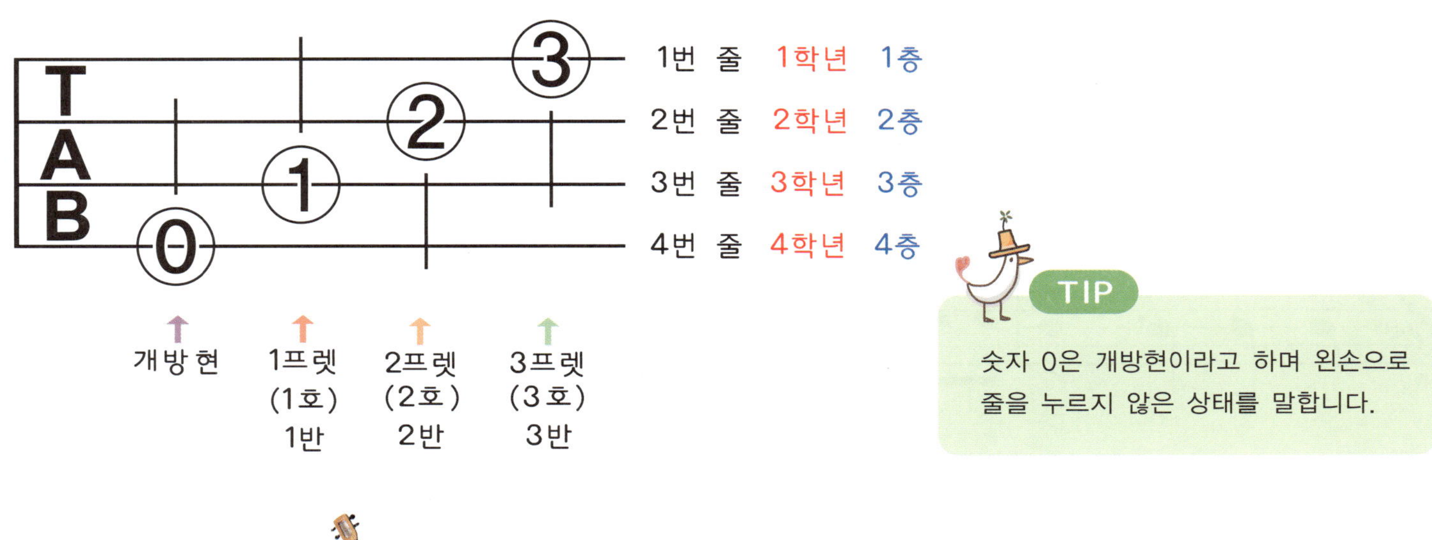

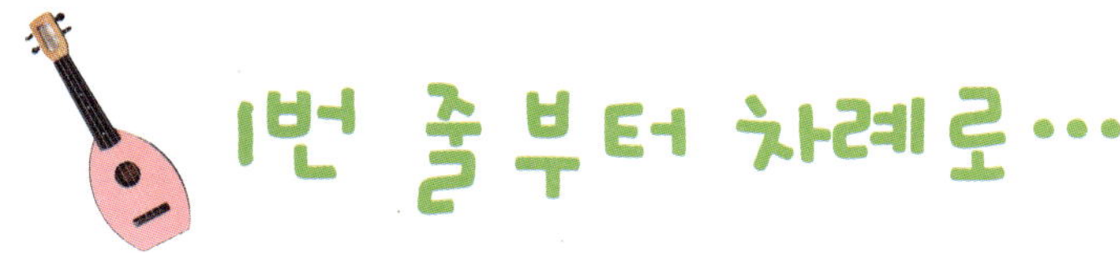

… 엄지(P)로 연주해요

1번 줄(1학년)

2번 줄(2학년)

3번 줄(3학년)

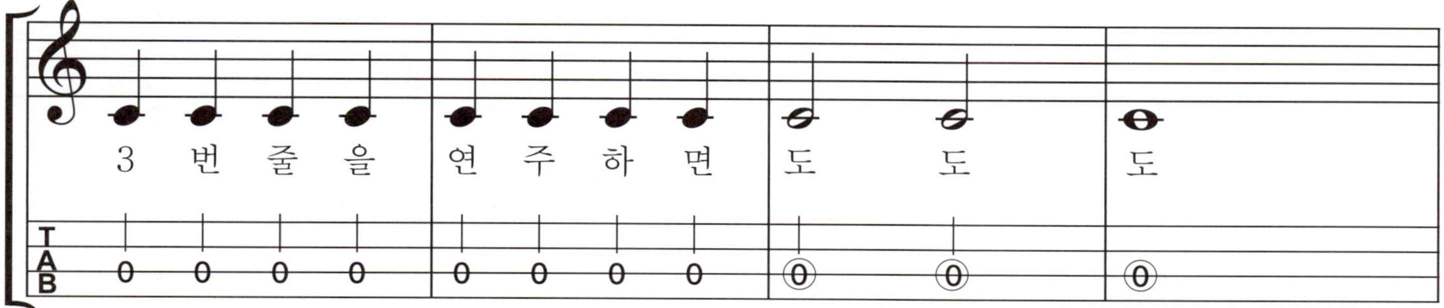

4번 줄(4학년)

엄지(P)로 연주해요

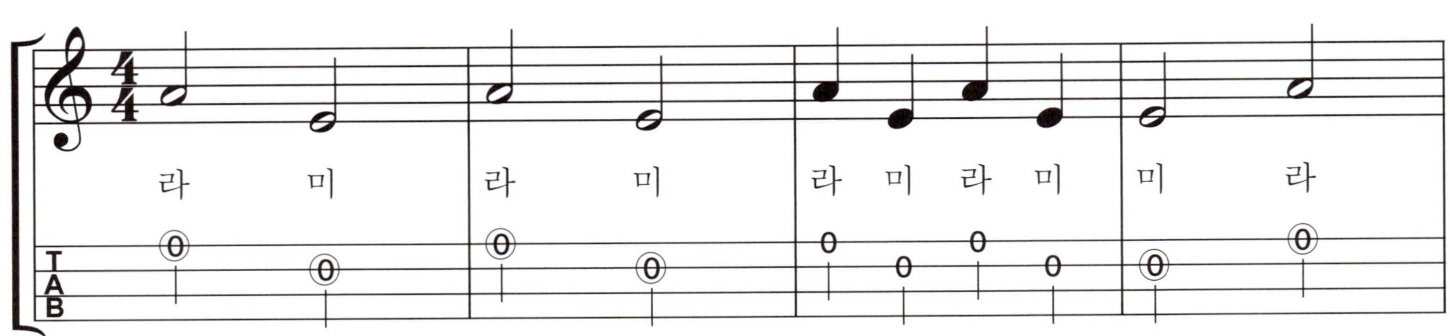

라 미 라 미 라 미 라 미 미 라

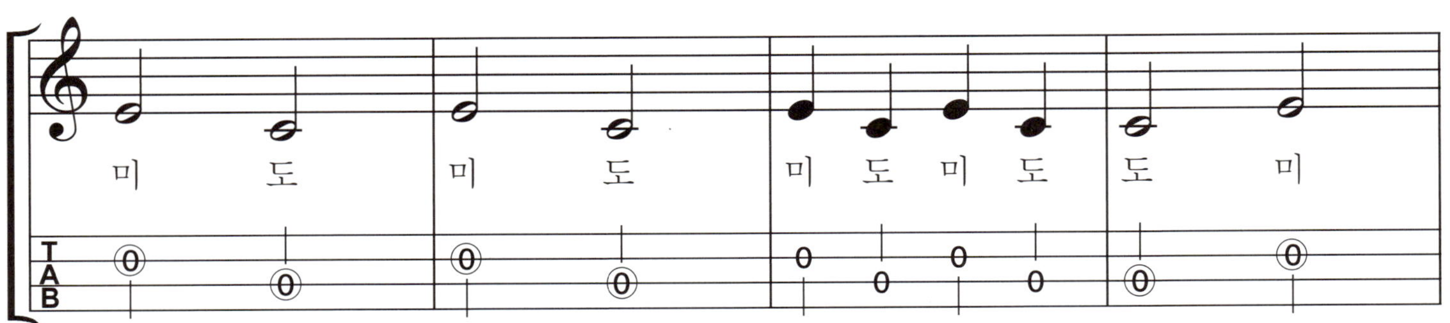

미 도 미 도 미 도 미 도 도 미

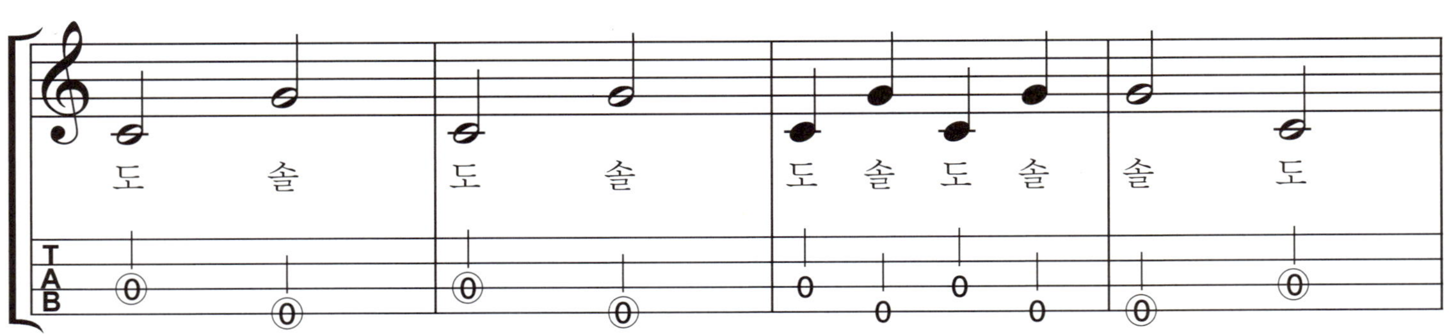

도 솔 도 솔 도 솔 도 솔 솔 도

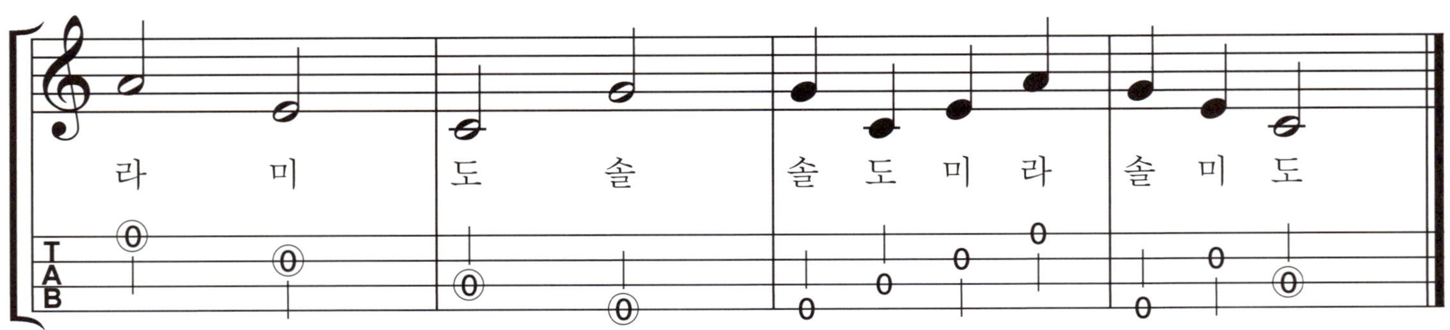

라 미 도 솔 솔 도 미 라 솔 미 도

우쿨렐레와 계이름

도 레 미 파 솔 라 시 도
0 2 0 1 3 0 2 3

라 시 도
미 파 솔
도 레
솔
1프렛 2프렛 3프렛

TIP
계이름 운지에 맞게 계이름 스티커를
악기의 지판에 붙이고 연습하세요.

다장조 음계를 익힙시다.

도 레 미 파 솔 라 시 도
0 2 0 1 3 0 2 3

도 시 라 솔 파 미 레 도
3 2 0 3 1 0 2 0

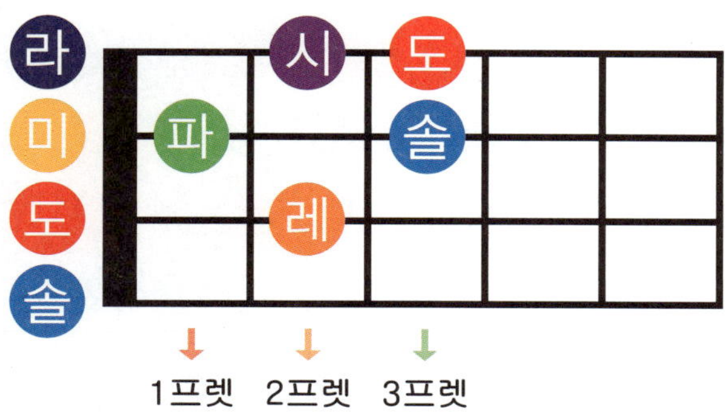

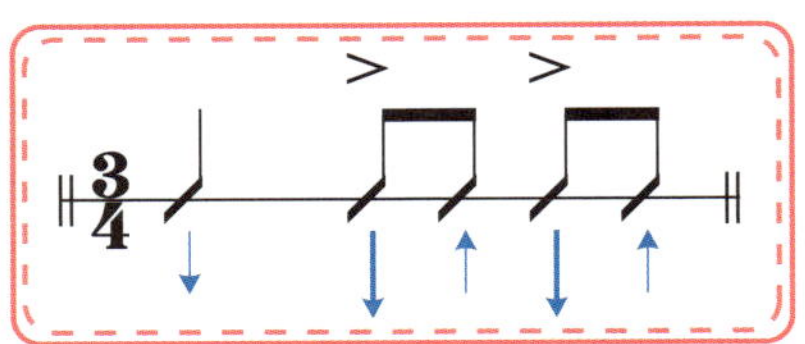

똑같아요

윤석중 작사 | 외국 곡

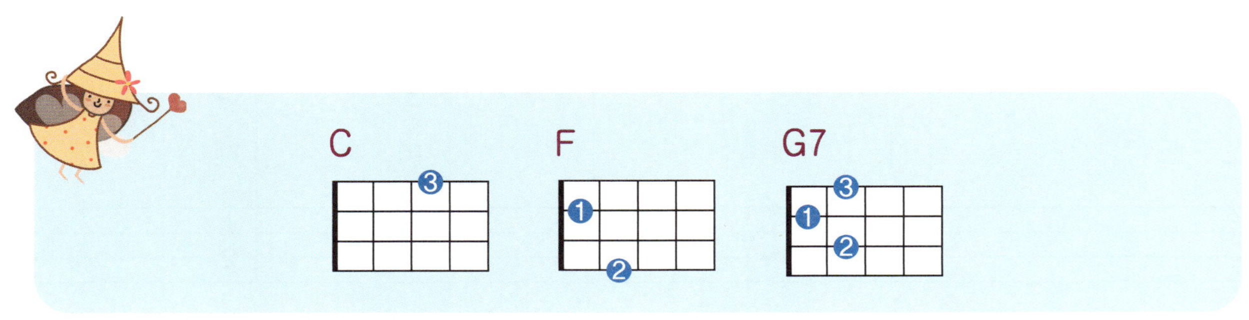

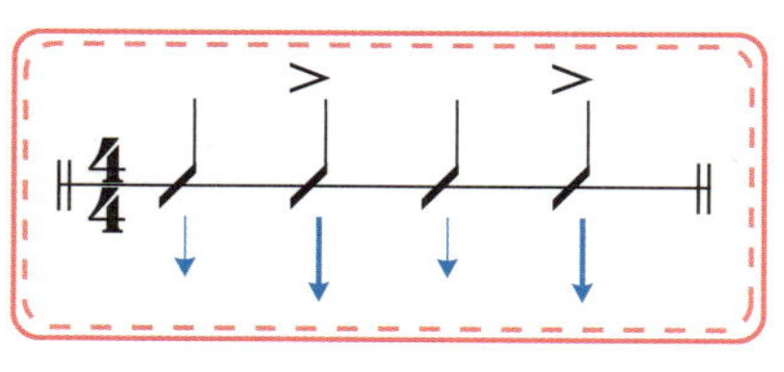

징글벨즈

제임스 피어폰트 작곡

환희의 송가

베토벤 작곡

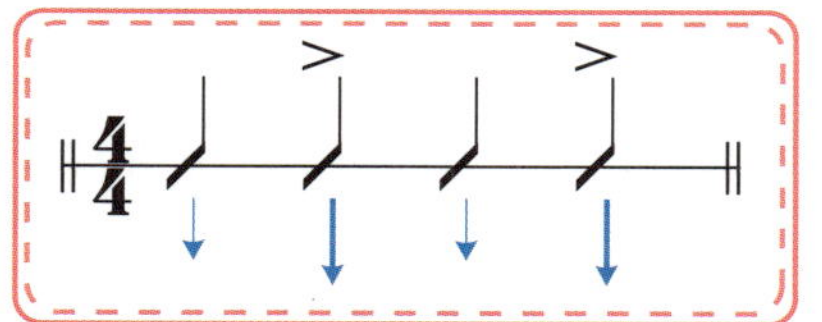

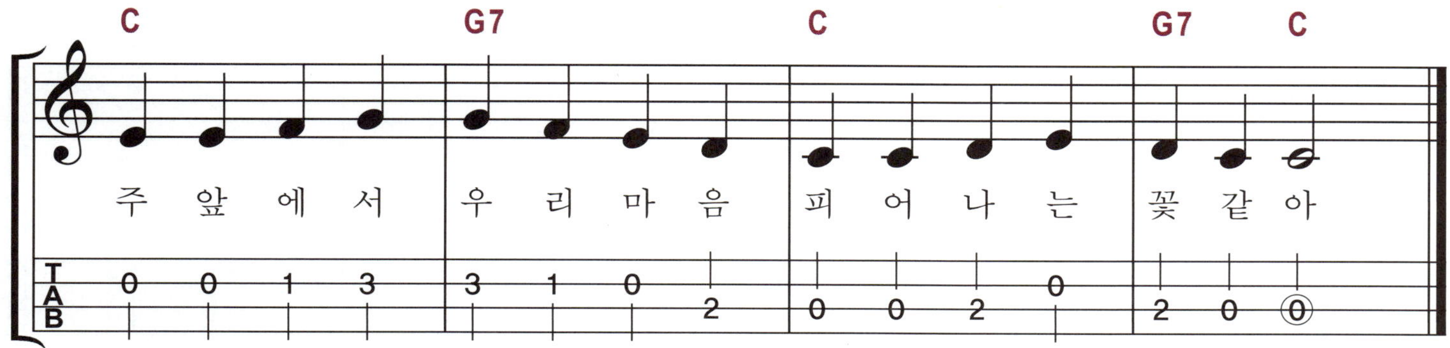

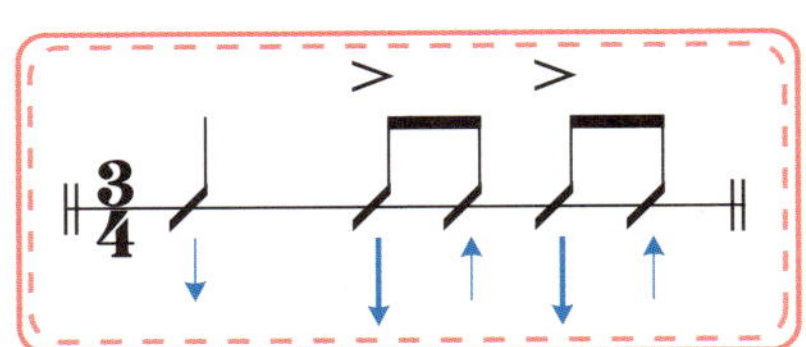

뻐꾸기

윤석중 작사 | 외국 곡

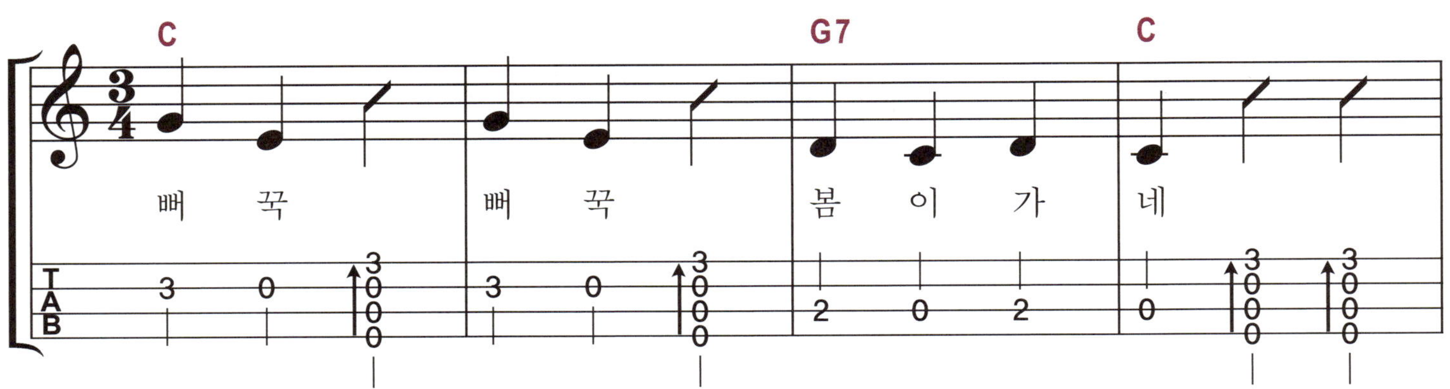

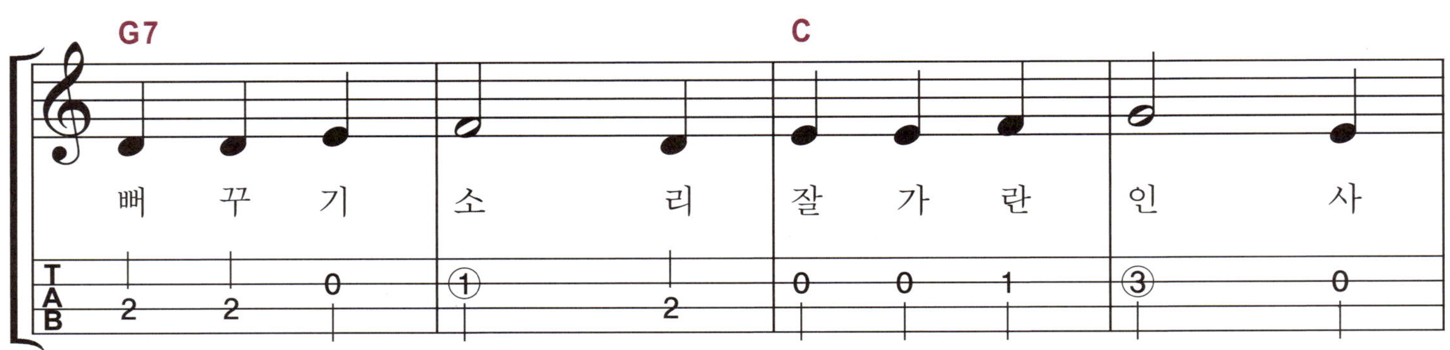

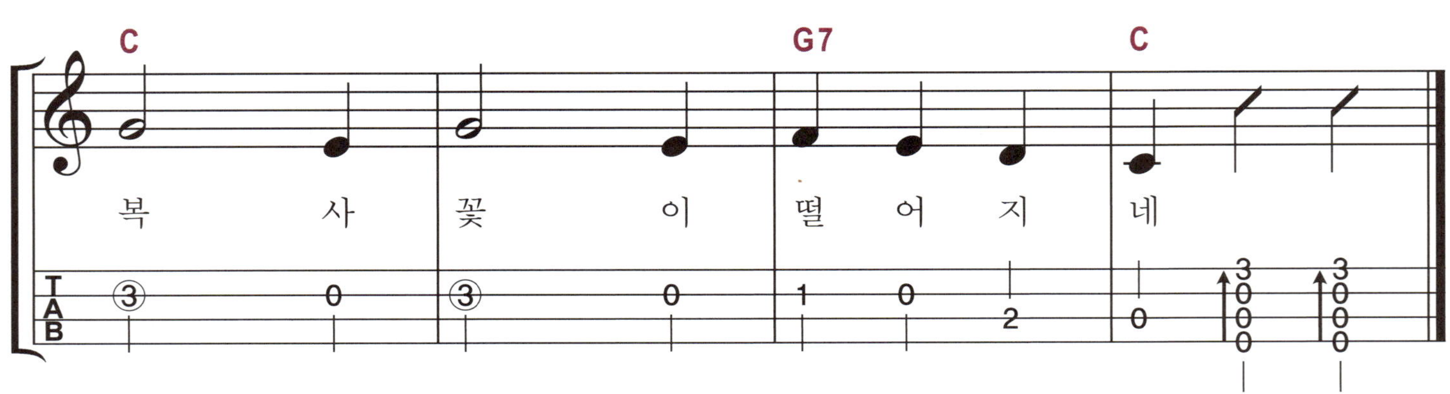

어린송아지

작사 미상 | 외국 곡

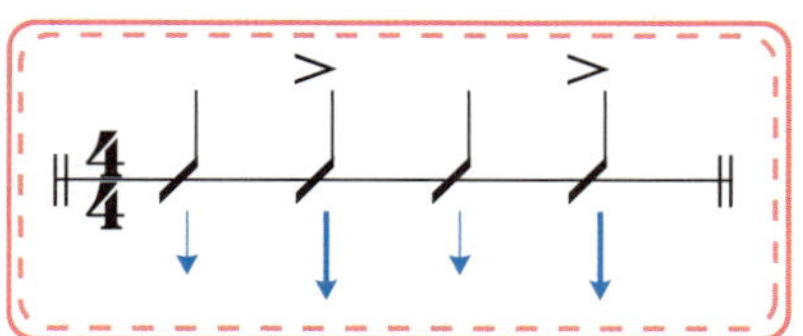

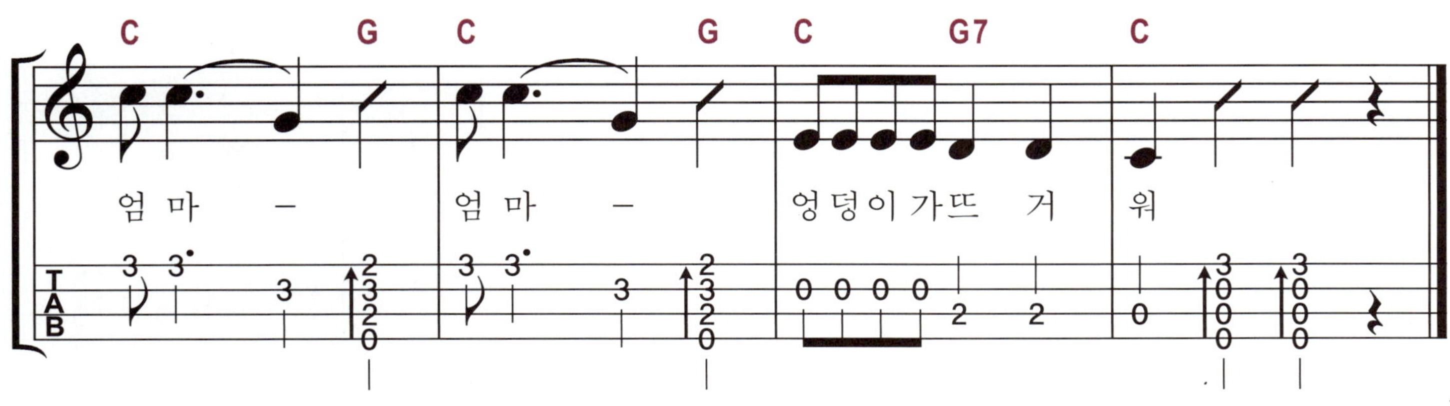

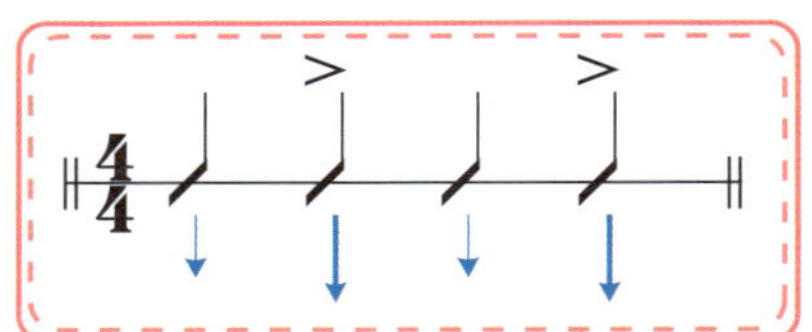

작은 별

모차르트 작곡

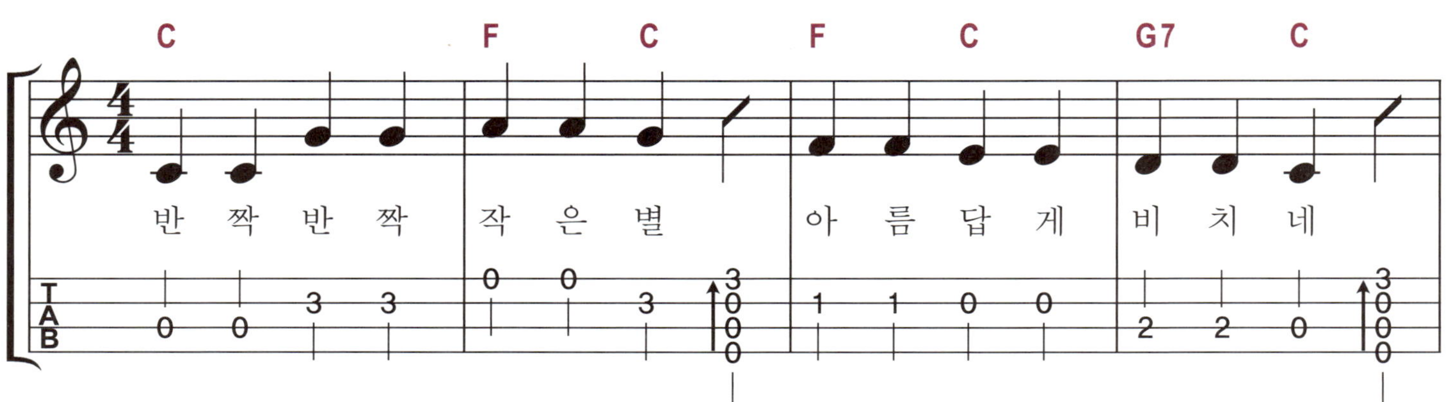

C   F   C   F   C   G7   C
반 짝 반 짝   작 은 별   아 름 답 게   비 치 네

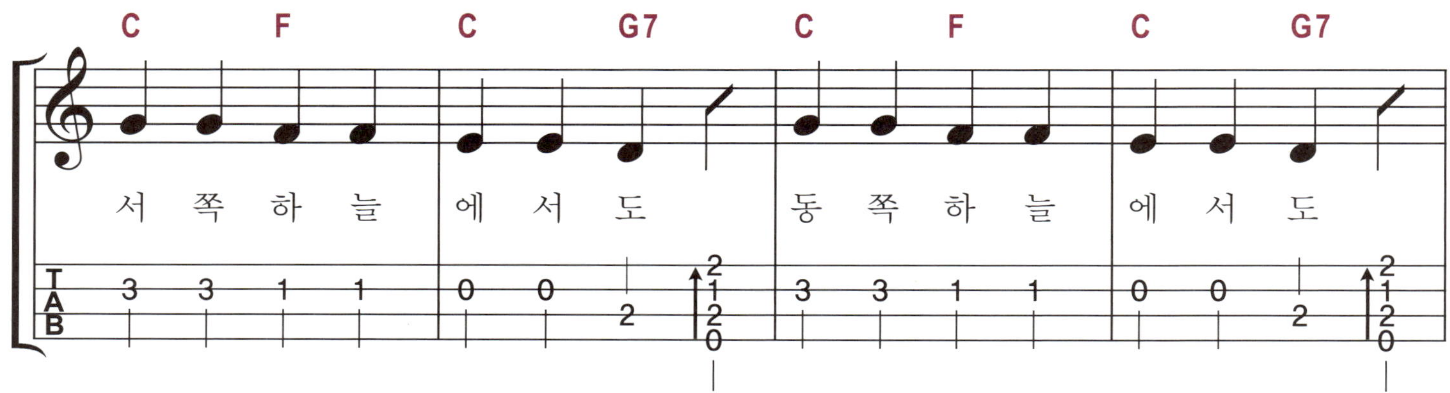

C   F   C   G7   C   F   C   G7
서 쪽 하 늘   에 서 도   동 쪽 하 늘   에 서 도

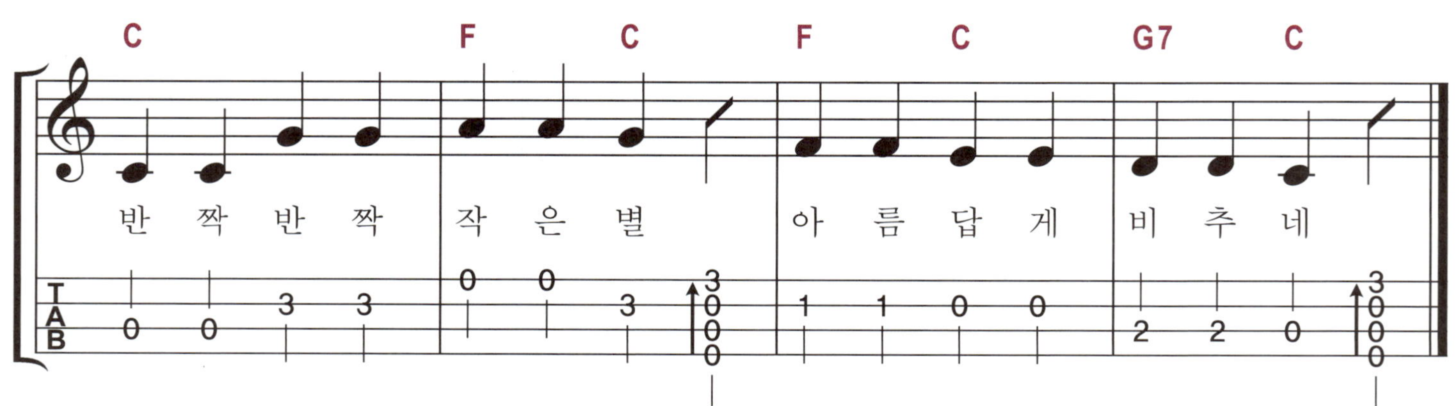

C   F   C   F   C   G7   C
반 짝 반 짝   작 은 별   아 름 답 게   비 추 네

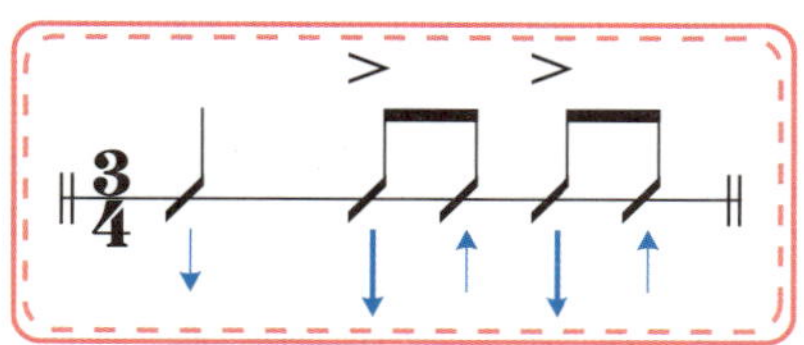

생일 축하합니다

외국 곡

TIP

𝄐 는 페르마타(늘임표)라고 하며
그 음의 길이를 2~3배 길게 합니다.

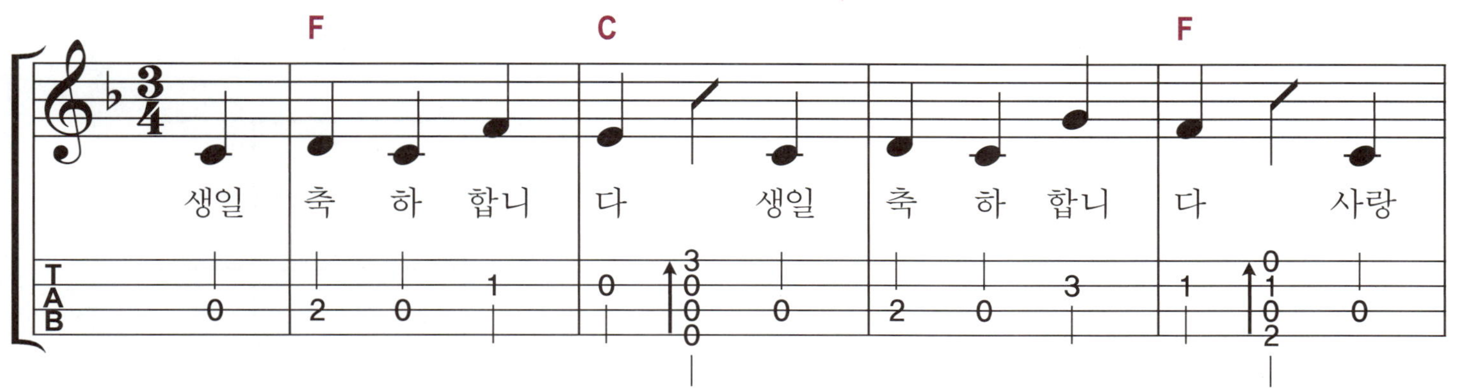

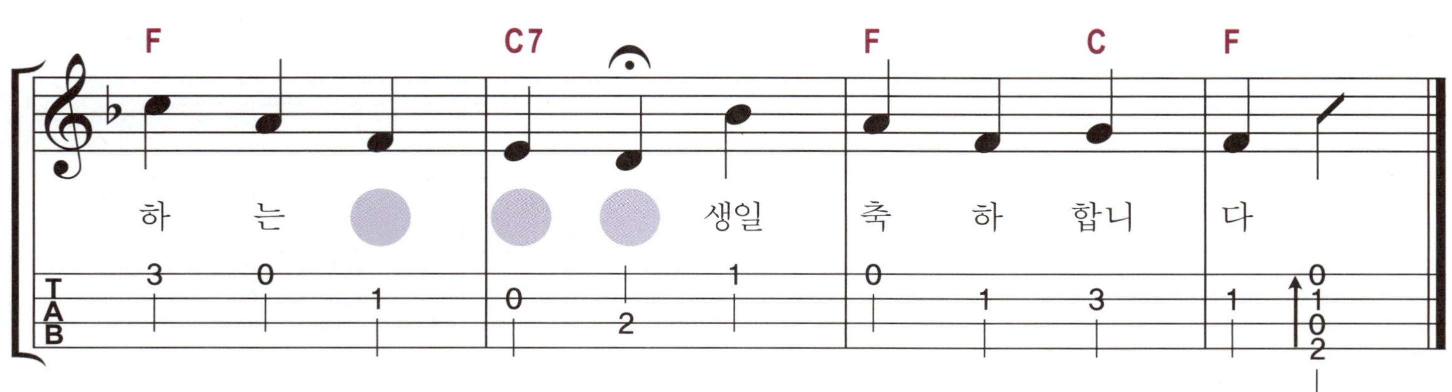

확인해 보세요!

- 코드 운지에 맞게 지판에 색(●)으로 나타내 보세요.

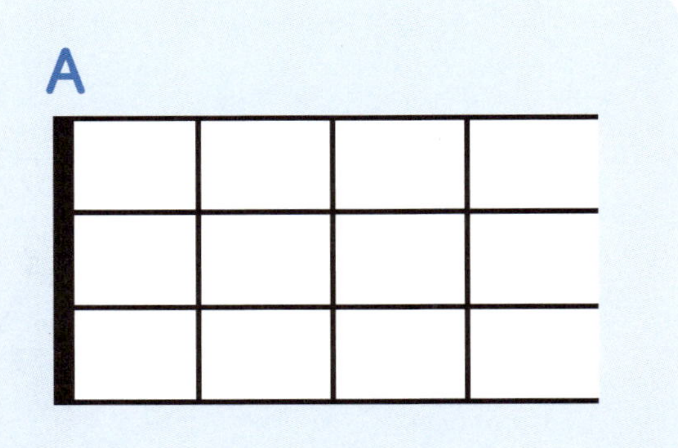

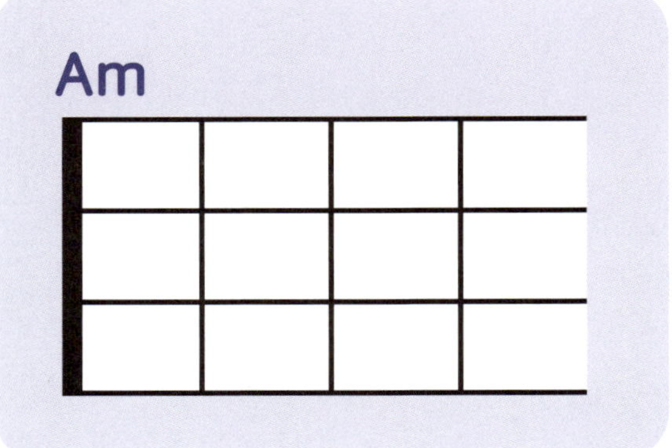

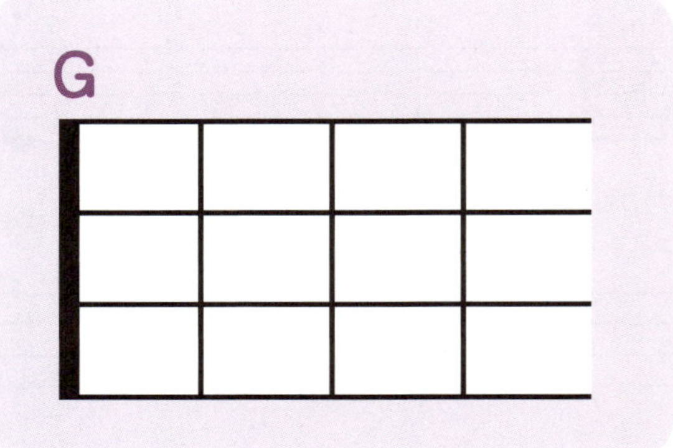

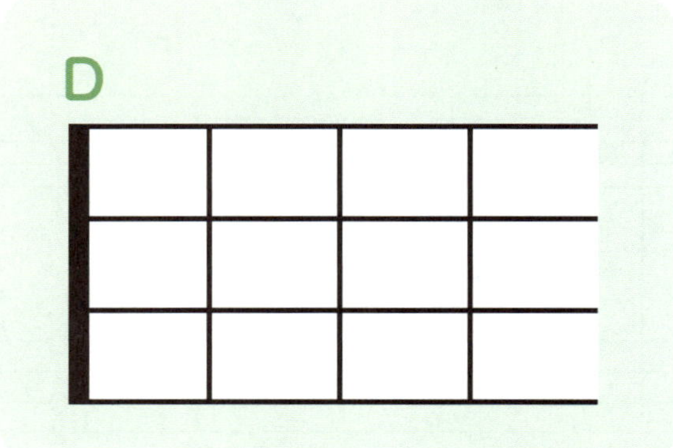

- 계이름에 맞게 지판에 색(●)으로 나타내 보세요.

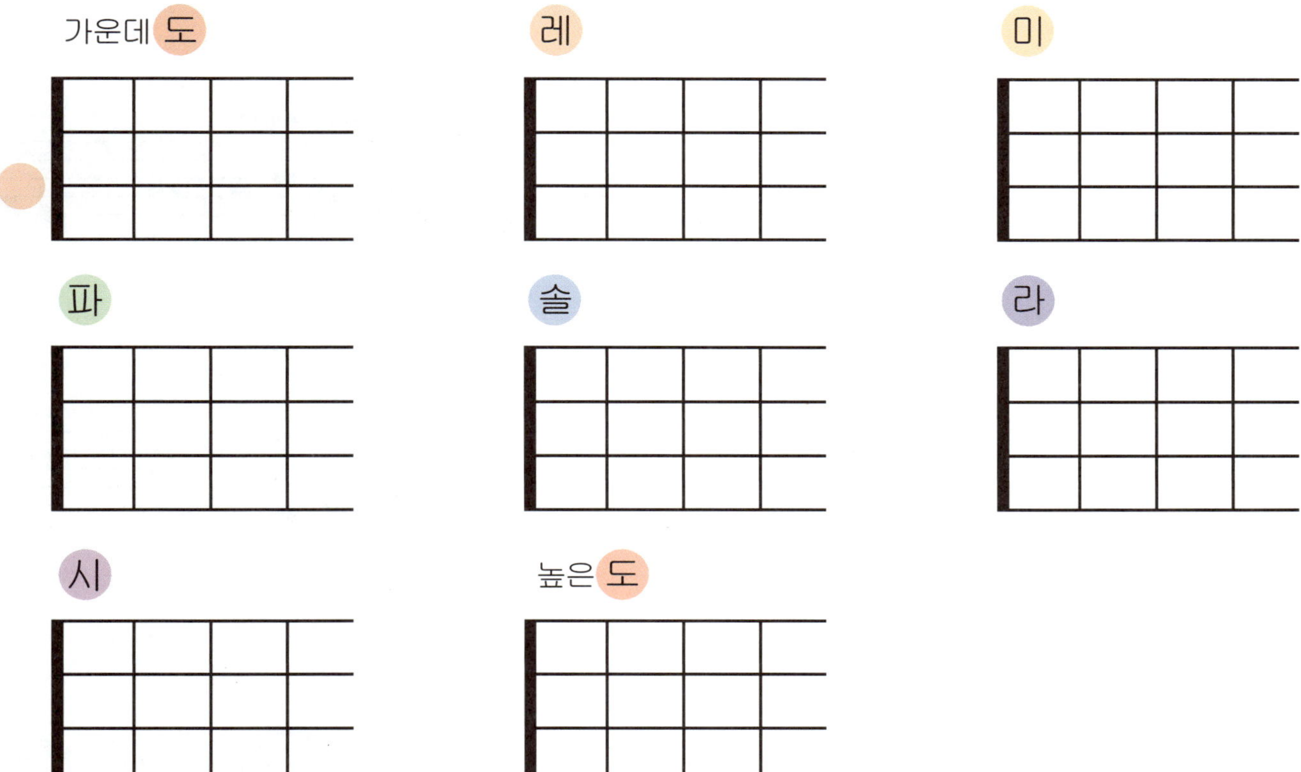

- 다음 타브 악보의 음을 지판에 색(●)으로 나타내고 계이름을 써 보세요.

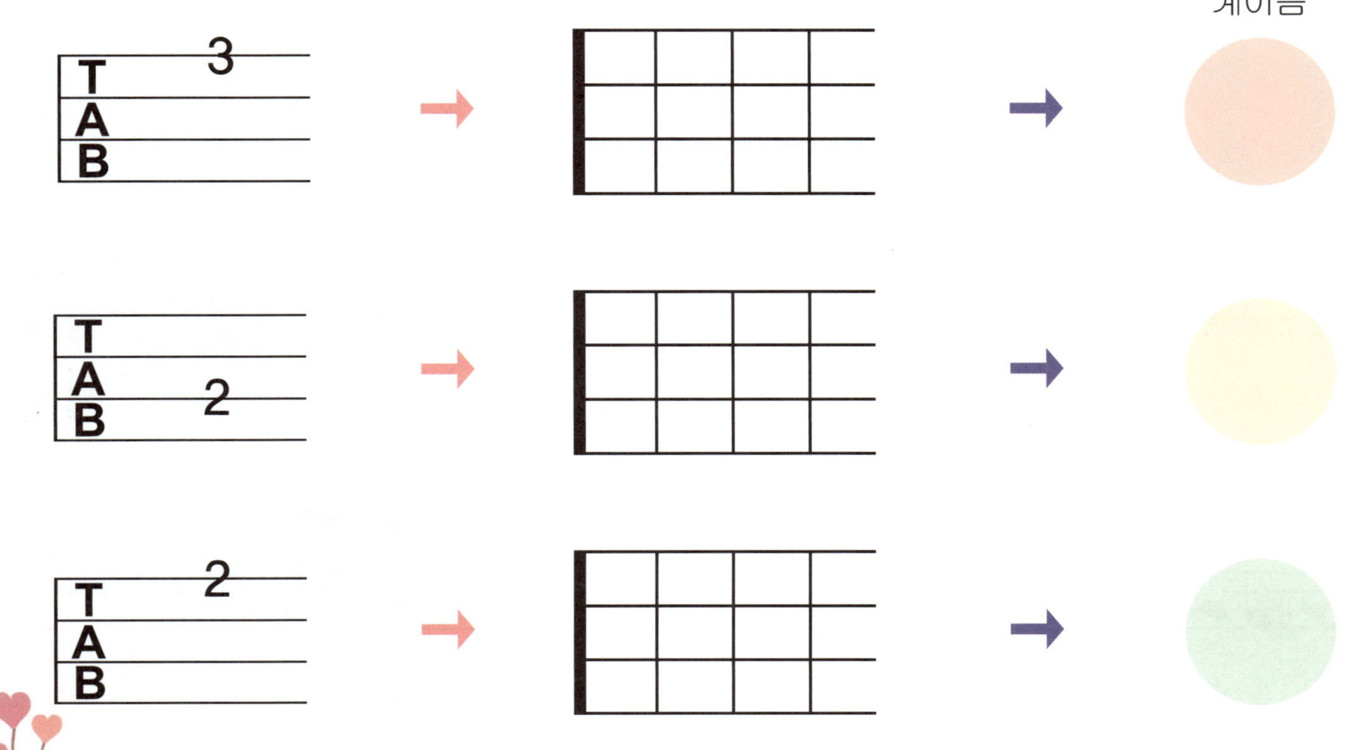

피노키오(멜로디)

지명길 작사 | 김용년 작곡

우쿨렐레 반주에 리코더,
오카리나, 팬플루트 등과
함께 연주해 보세요.

피노키오(반주)

지명길 작사 | 김용년 작곡

C　　　　　Dm　　　　　G7　　　　　C

C　　　　　Dm　　　　　G7　　　　　C

F　　　　　C　　　　　G7　　　　　C

F　　　　　C　　　　　D7　　　　　G

C　　　　　Dm　　　　　G7　　　　　C

C　　　　　Dm　　　　　G7　　　　　C

할아버지 시계(멜로디)

외국 곡

우쿨렐레 반주에 리코더,
오카리나, 팬플루트 등과
함께 연주해 보세요.

할아버지 시계(반주)

외국 곡

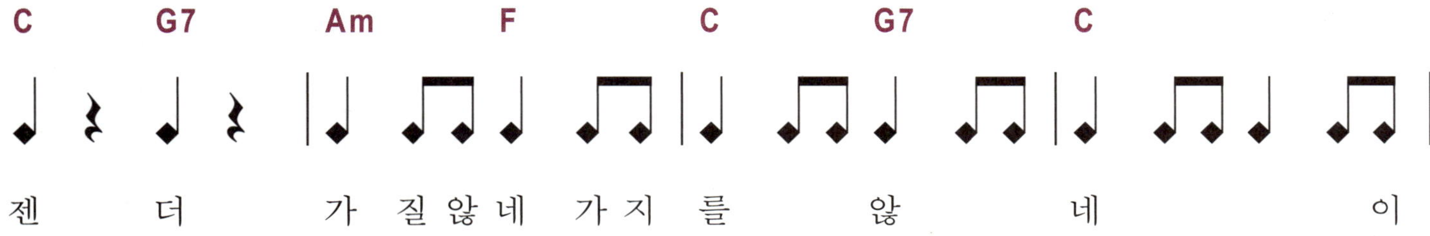

편저자 | **염인정** (www.tetrachord.kr)

● 한국음악특기교사협회 부회장(우쿨렐레 전임강사)
● 한국우쿨렐레협회 부회장 및 인천지부장
● 한국실용음악협회 우쿨렐레 전임강사
● K-Guitar 평생교육원 우쿨렐레 전임강사
● 서울, 인천 알로하 우쿨렐레 앙상블 단장
● 문화센터, 방과후 학교 특기적성 우쿨렐레 지도
● 인천 행복한음악학원 원장

발 행 처 아름출판사
주   소 경기도 고양시 덕양구 독곶이길 171(주교동)
          http://www.armusic.co.kr
전   화 (031)977-1881~2(영업부)
          (031)977-1883~4(편집부)
팩   스 (031)977-1885
등   록 1987년 12월 9일 제2001-7호

발 행 인 성강환
편 저 자 염인정
편 집 인 편집부
디 자 인 이은진, 임예지, 오희연

IDo 아이 두
우쿨렐레 1

붙임딱지

C C C E7 E7 E7 E7 E7 E7
C7 C7 C7 E7 E7 E7 E7 E7 E7
G G G G7 G7 G7 Dm Dm Dm
G G G G7 G7 G7 Dm Dm Dm
G G G G7 G7 G7 Dm Dm Dm
G G G G7 G7 G7 Dm Dm Dm
Am Am Am D D D D D D
A7 A7 A7 D D D D D D
A A A D7 D7 D7 D7 D7 D7
A A A D7 D7 F F F F
A A F F F F
도 레 미 파 솔 라 시 도
도 레 미 파 솔 라 시 도